CAREER LOGIC

キャリアロジック

誰でも年収1000万円を超えるための28のルール

末永雄大

実業之日本社

はじめに

「キャリアや人生に正解はない」これは誰もが頷けることだと思います。

しかし、世の中には情報があふれ、働き方が多様化したことで人生の選択肢が急激に増加し、そのために悩んでしまっている人が多い時代です。

ビジネスパーソンの多くは「専門性を身につけたい」「会社に依存せず自立したい」「食いっぱぐれたくない」といったキャリア観を求めています。

彼らは、もう会社だけには頼れないと悲観的に捉えており、不安の解消という消極的な動機で、自立を目指さざるを得ないといった感覚が強いのです。

終身雇用、年功序列のような、これまでの日本の雇用形態は、「人生において目指すべきものの正解、幸せの形」が明確でした。将来に希望を持ちやすく、努力を継続しやすかった良いシステムであったとも思います。

しかし、現代のように多様な選択肢がある時代は、逆にキャリアの不安を感じやすくなっているのです。

私は東京・渋谷でアクシス株式会社の代表取締役兼転職エージェントをしております、末永雄大と申します。

新卒でリクルートエージェント（現リクルートキャリア）に入社し、東京と京都で数百を超える企業の中途採用支援を行いました。その後、異業界転職をしてサイバーエージェントで大手企業のＷＥＢマーケティング支援を行い、２０１２年に独立をしました。

２０１２年からは「すべらない転職」（https://axxis.co.jp/magazine）という月間40万人の読者を抱えるＷＥＢメディアを運営しながら、年間数百人以上のビジネスパーソンのキャリア相談にのってきました。

創業以来、採用する企業側ではなく、転職者の本当の成功を考えたキャリア支援をポリシーにしています。なかでも、20代の若手ビジネスパーソンに対して、中長期的なキャリア支援にこだわって事業を運営してきました。

そのなかで多くの方が「会社に依存せずに自立したい。でも実際にどうすればいいのかわからない」という切実な悩みを持っている現実を知りました。そこで、普通の人でも、キャリアにおける自立を実現するお手伝いをしようと、創業以来「自立型人材のキャリア支援」を提唱してキャリアをサポートしてきました。

創業初期に転職サポートした方々とは今もお付き合いがあります。サポート当時は新卒2年目で危なっかしかった若者も、現在はマザーズ上場企業の役員になるなど、個人のキャリア変遷の節目ごとに伴走してきました。彼のような事例は他にも多数あります。

普通の若手社会人だった方も、キャリア戦略を持てば誰でも市場価値を高められ、自己実現を果たすことができる。彼らのキャリア支援をするなかで、その思いは確信に変わっていきました。

キャリア形成で知っておくべき事実、ルールを多くのビジネスパーソンに伝えたい、キャリア戦略を持って自らの人生の軸を明確にし、まっすぐに生きられるようになってほしい。

そんな想いを持ってこの本を書くことにしました。

根本にあるのは、再現性の高いキャリアの勝ちパターンを示したいという思いです。

有名起業家やインフルエンサーがキャリアについて発信をしています。いわく、「好きなことだけしていればいい」「キャリアは偶然や結果論」などの内容です。彼らは自分が低年収で休みもほとんどなく、実績や稼げるノウハウがない状態でも同じことを言えるのでしょうか。

実は、彼らの主張には再現性がありません。

要するに普通のビジネスマンにとって、彼らの主張の多くは意味がないのです。

だからこそキャリアのプロが、きちんとしたファクトや経験に基づいた再現性が高いキャリアの勝ちパターンを示す必要があると考えています。

私はこの本を通して、みなさんのキャリアの不安に向き合いたい。

本書で「キャリアにおける勝ちパターン」を知って、幸せなビジネスパーソン人生を歩んでいただきたいと思っています。

目次

第2章 仕事とは何か？

第3章 ポジショニング戦略

第4章 競争優位の戦略

第1章

キャリアの真実

career strategy 01

キャリア構築のルールが変わった

これまでは良い学歴を得て、新卒で大手有名企業に入ることができれば、年功序列・終身雇用制度により、エスカレーター式にキャリアアップが実現できていました。

しかし、日本経済が成熟・衰退期に入った現代においては、これまでのキャリアの成功法則がまったく通用しなくなっています。

また、誰もがスマホを持ちインターネット・SNSに簡単にアクセスできるようになったことも、キャリア情勢に影響を与えています。求人サイトの情報や大学時代の友人の近況などが簡単にわかるので、自身のキャリアに迷いを感じやすくなっているのです。

今は自分らしく生きていくことを許容されやすくなったのですが、一方で、それに捉われ過ぎると、キャリアの迷走につながってしまう可能性もあります。

そこで、自分が納得感を持ちながらも、キャリアの成功を担保するために、キャリア戦略が大事になってくるのです。

キャリア戦略を考えるには、まずキャリアのルールを把握しなければなりません。

この本はいわゆる転職のハウツー本ではありません。20代を中心とした若手社会人や学生の方に向けて書いたキャリア戦略本です。

今すぐ転職するわけではない若手ビジネスパーソンや、学生の方も、人生の早い段階から、転職市場について理解しておくことがキャリアを考えるうえで重要なのです。

なぜならば将来のキャリアを考えるうえで、今所属している会社内だけで完結する時代ではなくなってきているからです。

医療技術の発展により人間の健康寿命が延びる一方、市場環境が変化するスピードが上がることで会社の寿命が短くなり、終身雇用を維持できなくなりました。そして、人間の寿命の方が会社の寿命よりも長くなることが当たり前になっています。

1社だけで勤め上げる前提でキャリアを考えること自体、無理がある時代になってしまったのです。

そうした時代においては、今の会社に不満があるか否かにかかわらず、転職は当たり前の選択肢となり、転職だけでなく副業、フリーランスなど、選択肢を自ら組み合わせて、キャリアを考える必要があります。

今すぐ転職を考えていないにしても、転職市場における市場環境やルールを知っておけば、市場価値を高める方法がわかったり、自分の価値観に沿った仕事や働き方を選べるようになります。

ルールを知らないままスポーツをすることが難しいように、キャリアにおいても、ルールを知らないままでいることは、自分にとって大きな不利益となります。ルールを知らないままに働いていると、「好きな商品に関わる仕事をしたい！」と特にロジックもなく思いつきで仕事を選択してしまい、キャリア設計に失敗してしまうことになります。

キャリア選択は収入はもちろん、人生の幸福度においても大きな影響を与えるものです。

人生に大きな影響を与える株式投資や不動産投資を行う際には、プロに相談したり専門書籍を読むと思いますが、キャリア選択においても、同じように対策することが重要です。

むしろ、キャリアは生涯年収や幸福度に大きく関わってくるわけですから、金融商品以上に慎重に考えるべきものです。

まとめ

- 「終身雇用」という前提がなくなり、転職などを組み合わせた中長期のキャリア戦略が必要になる
- 会社のブランド→個人のブランドがキャリアになる時代に
- キャリア戦略を考える前にルールを知ろう。転職市場のルールを把握することが第一歩

career
strategy
02

転職市場は出来レース

まず知っておく必要があるのは、**「転職市場は出来レース」**であるということです。

「人生は何歳からでもやり直せる」という言葉がありますが、転職市場では非常にシビアな評価が下されます。

例えばSNSでキャリアの年齢論について書くと、すぐに反論する方がいるのですが、本人のマインドセットの話と、転職市場での評価の話を混同されているように感じます。

確かに人生の価値を決めるのはその人自身です。そこに年齢は関係ありません。

しかし、キャリアにおける評価において、年齢は大きく影響します。

「そんなことはない！」と言い切れる人は、例えば、未経験で50代の方を新規で採用し、給与を支払うという選択ができるでしょうか。

採用現場では、若いうちに自社ビジネスに関係する経験をしてきた人を採用するのが実情です。

転職市場はシビアで、常に他の求職者と比較されるのです。

最近は、多くの求人サイトが存在します。街中でそれらの求人サイトを見かける機会も増えました。そうした求人サイトの広告では、「求人数ナンバー1」「年収アップ求人多数！」とアピールしています。

しかし、この広告表現は嘘ではないものの、多くの人にとっては意味のない訴求内容なのです。

なぜなら、転職市場では現時点での経験×年齢によって、対象となる求人とオファーされる年収は、ほぼ決まってしまっているからです。

それを知らずに転職サイトを利用しても、掲載されている求人が自分にとって対象外であれば意味がありませんよね。

ここで、転職の現場でよく起きる事例をご紹介します。

仮にあなたが企業の採用責任者だったとします。そこにＡさんという30歳の男性がエントリーしてきました。Ａさんは、自社に関する経験は全くありません。大手企業で新卒から30歳まで約８年の実務経験があり、年収は６００万円です。

そして、あなたの会社では新卒採用をしています。Ａさんと同い年の30歳は勤続7年目の中堅社員です。かつ3〜5名のマネジメント経験も積んでいます。大手ではないので年収は５００万円です。

この状況で、あなたはＡさんを採用しますか？　未経験者に対して「大手企業出身で30歳だから」という理由だけで、オファーを出すでしょうか？

残念ながら転職市場では、未経験からの転職で年収アップを狙ったり、どの求人でもエントリー可能というわけではないのです。

逆に言えば、20代のうちから将来の目標を明確にして、そこから逆算した経験、スキルを蓄積し、戦略的に転職していけば、理想の仕事に就くことも可能なのです。

転職市場は良くも悪くも「出来レース」なのです。

まとめ

- 転職市場は出来レース
- 年齢相応の実務経験を持っていなければ、未経験という理由で年収は下がり、そもそも内定に至らないことが大半
- 早期に目標を決め、逆算して経験・スキルを蓄えた人は思い通りにキャリアをコントロールできる

career strategy 03

会社内価値と市場価値

「市場価値」という言葉をご存知でしょうか。

最近では、就活生も「市場価値」という言葉を使うようになってきていますね。

しかし、「市場価値」という言葉の本当の意味が理解されていないと感じています。

「市場価値」を説明する際に、私はよく**「会社内価値」**という言葉を対比として使っています。

「会社内価値」とは、特定の会社のみで通用する経験やスキルのことです。

例えば、社内人脈がその代表でしょう。

一方で、**「市場価値」とは特定の会社に限らずに持ち出せる経験・スキルのことで、業界や会社をまたいで横展開が可能なもの**です。

転職市場で評価されない会社内価値をいくら高めても、その会社から出てしまえば、全く評価されません。

それを避けるために、市場価値を高める必要があるのです。

誤解されがちなのですが、年収が高い＝「市場価値」が高いわけではありません。「会社内価値」で年収が高いケースも多く、大手企業などは「会社内価値」により年収が高いことが多いのが現実です。

「市場価値」が高い人は会社を変えても年収をアップできますが、「会社内価値」で年収が高い人は大体の場合、年収を落とさないと転職できません。

さらに、年収を大きく下げても、蓄積してきたスキルでは全く評価をされず、転職できないケースも多いのです。

では、どうすれば市場価値が上がるのでしょうか。

市場価値を高めるためには、戦略を持って仕事を選んでいく必要があります。

詳しくは第3章でお話ししますが、結論からお伝えすると、自らの「希少価値」を最大化することが必要になります。

「希少価値が高い」というのは、「需要が大きい市場」で、「他の人には代替できないスキル・専門性が高い」状態のことです。

この状態を目指していけば、市場価値は上がるのです。

いくら珍しいスキルを持っていても、それを求める会社がなければ、市場価値は高まりません。

一方で、需要が大きい市場でも、簡単な仕事をしていては、市場価値は高まっていきません。例えば、食品、日用品の需要は大きいですが、スーパーのレジ打ちのスキルをいくら高めても、給与が大幅に高まっていくことはありませんよね。

この視点をもって、需要の大きい市場で、他の人に代替が難しい仕事を戦略的に選択しながら、その経験やスキルを蓄積していきましょう。このような努力をすることが市場価値の向上につながっていきます。

まとめ

- 市場価値と会社内価値は異なる概念。年収が高い＝市場価値が高いとは限らない

- 会社内価値だけを高めていると転職できなくなったり、年収を半分にしないと転職ができなくなるリスクがある

- 市場価値を高めるには、需要の大きな市場と、そのなかでも他の人に代替されにくい経験・スキルを積んでいく必要がある

career strategy 04

年齢制限という現実

転職市場においては、**常に年齢という条件がついてまわります。どの企業も一様に「年齢相応の経験値」**を求めてきます。

なぜかと言うと多くの場合、他の候補者との比較によって採用されるかどうかが決まるからです。

転職市場においては常に、2つの人たちと比較されます。

1つ目は、既存社員との比較です。成長企業や大手企業は新卒採用を毎年しているケースが多いです。そうすると、2～3年目の若手でも、社内では立派な経験者として認められるわけです。

経験のある既存の若手社員と比較して、未経験で30代の人を採用する理由はないというのが実情です。

2つ目は、他の候補者との比較です。

中途採用の募集では3～10年以上のベテランが競争相手になり得るのです。

人気、有名な優良企業ほど、経験豊富な人材が応募してきます。

そうすると、企業は候補者を選びたい放題ですから、より年齢が若く実務経験が豊富な人を優先して採用するでしょう。

こうした視点がないために、30代を超えて未経験の人が「大手企業でマーケティングの仕事をしたい」といった無謀な転職をしようとしてしまうわけです。

例えばですが、転職支援で年齢が課題となるケースをご紹介します。

32歳のＡさんは、某大手・人気ＩＴ企業に新卒入社し、コンサルタントとして8年間経験を積み、現在の年収は９００万円です。在籍企業は社員数３０００人以上の規模でありながら、自由闊達でベンチャー的な風土で優秀な人材が多く居心地も良いと感じています。

しかし、Ａさんは30歳を過ぎ、明確な専門スキルが得られないことを課題に感じ、転職活動を開始しました。

誰からも好感を持たれるような優秀な方でしたが、実際に求人にエントリーしてみると、多くの会社から書類選考で落とされてしまいました。面接に進めた数社でも、結局は不採用となってしまいます。

理由は年齢相応の専門性がないためです。

転職支援の現場ではこうしたケースが非常に多いです。27~28歳くらいまでであれば、人柄やポテンシャルの高さがあれば未経験でも採用してもらえる可能性はありますが、**30歳を超えると、採用企業としては「さすがに年齢を考えると人物面だけでは評価はできない、専門スキルがなければ……」と一気にハードルが上がってしまうのです。**

専門性のない大手有名企業の方が40代を超えて転職を考えると、中小企業で年収が前職の半分の条件でしかオファーが出ないことが多いです。また、企業がリストラを行った際に、専門スキルがない人は、タクシー運転手や警備員の求人などしか対象にならないという現実を見てきました。

年齢と比例して、市場価値で高い評価を得られる専門スキルを高めていなければ、残酷な現実が待っているのです。

では、実際のところ転職市場では、年齢の基準はどうなっているのでしょうか。

大卒で新卒入社する方を前提に考えてみましょう。

●23歳　入社1年目ですぐにドロップアウトしたと見なされ、転職は非常に不利

●24〜27歳　未経験でも第二新卒層として採用されやすい

●28〜29歳　前提として職種経験を求められ、業界経験も一定以上求められるようになる

●30〜33歳　業界・職種経験はあって当たり前で、できればマネジメント経験を持っていてほしい

●34〜36歳　業界・職種経験はあって当たり前で、さらにマネジメント経験があることも当然になる

●37歳以上　そもそも転職が難しくなり、よほどの専門能力やマネジメントの高い実績がないと、転職が難しくなる

いかがでしょう？　20代、30代は小刻みに評価が変わり、求められる経験が大きく異な

ってくるのです。

こういった転職市場の評価を知ったうえで、いつ、どのように転職活動をするかを考えておきましょう。

まとめ

- 30歳以上の転職では、年齢に応じた専門スキルやマネジメント経験が求められ、それがなければ採用される可能性は限りなく低い

- 20代、30代では求められるスキルが数年ごとに細かく変動する。それを踏まえたうえでいつまでに、どういった仕事に転職するかを逆算する

career strategy 05

学歴・資格なんて関係ない

次に学歴・資格についてです。ここで皆さんに朗報があります。

転職市場において、学歴や資格はほぼ関係がないのです。

キャリアにおいて評価されるのは、学歴や資格ではなく、実務経験なのです。

では、実務経験とはなんでしょうか？

それは、業界×職種での経験を何年積んでいるか、です。

希望する仕事に対して、関連性の高い実務経験を積んでいることに勝るものはありません。

大学院に入り直して学歴アップをしたり、資格取得を考える時間があれば、希望する仕事と関連性の高い実務経験を積むための戦略を考えましょう（戦略の詳細は3章以降で説明します）。

とはいえ、それでも学歴や資格を気にしてしまう人は多いと思いますので、学歴や資格がチェックされるケースについてお話しておきます。

まずは学歴についてです。

学歴は未経験歓迎の求人において関係してきます。営業系、コンサルタント、総合職・第二新卒枠の求人などです。

こういった求人では学歴はある程度、効力を発揮します。

これは学歴そのものを重視するというより、地頭の良い人を採用したいという採用企業側が、書類選考で学歴を一つの指標にしているというケースです。

未経験歓迎求人は希少で、大量の応募者が集まるため、書類選考でふるいにかけたいのです。

そして、書類上では年齢以外の客観的判断材料が学歴しかなく、こういった場合に限って、学歴が有利に働くのが実態です。

しかし、これはあくまで書類選考上の話です。

書類選考のふるいにかけるために、やむなく学歴を用いている程度で、書類で通過しても、面接での評価の方が比重が高いのです。

面接ではコミュニケーション力や理解力、論理的思考力、仮説構築力などをチェックされます。

面接でそれらを企業にアピールできなければ、いくら学歴が高くても内定は得られません。

次に、資格についてです。

資格といっても色々とあります。

●簿記や宅建、施工管理技士

●税理士・弁護士・医師・公認会計士資格、建築士

●英検やTOEIC・TOEFLなど

●中小企業診断士・キャリアコンサルタント資格など

……など幅広いですよね。

転職市場における資格の価値は、大きく4つに分けられます。

●実務に有利になる資格
●保持していなければ実務ができない資格
●英語力を評価するための資格
●意味がない、もしくは意欲を伝える程度の資格

まず、実務に有利になる資格ですが、簿記や宅建、施工管理技士などが当てはまります。例えば、経理職の求人に応募する際は簿記２級以上は有利になります。宅建や施工管理技士は一営業所ごとに資格者を置くことが定められているため、資格保持者は内定を得やすい傾向があります。

次に、保持していなければほぼ実務ができない資格です。税理士や弁護士、医師、公認会計士資格は有名ですよね。建築士なども国家資格がなければ職業に就くことができません。

英語力は資格ではありませんが、履歴書などの資格欄にも記載するケースが多いと思い

ます。

英語力を測る指標としては、英検やＴＯＥＩＣ・ＴＯＥＦＬが有名です。

転職市場でメインで評価されるのはＴＯＥＩＣです。貿易実務が発生するような商社やメーカーなどではＴＯＥＩＣのスコアを７００点や８００点以上に設定しているケースが多いです。

しかし、これもあくまで目安であり、外資系企業などではＴＯＥＩＣの点数では評価されず、前職でのビジネス英語の実務経験を必須とするのが現実です。

ＴＯＥＩＣなどのスコアは、書類選考時に英語を使った実務への意欲のアピール材料くらいにしかなりません。

最後に、意味がない資格です。これまであげてきたものを除くと、実はほとんどの資格は転職においては意味がありません。

人気なものでは中小企業診断士やキャリアコンサルタントの資格がありますが、これらを持っていても有利になるケースはあまりありません。

転職市場において、資格だけで評価が高まるわけではありません。資格は、あえて言えば、未経験分野への転職の際に意欲をアピールする材料になる程度です。過度な期待はしないようにしましょう。

まとめ

- 転職市場において
学歴と資格にあまり意味はなく、
実務経験が最重要視される

- 学歴は転職市場において希少な未経験歓迎求人の
書類選考時の絞り込み基準として活用されることが多い

- 資格は、職種に有利になるものや、
有資格者しか実務ができないものを除くと
意欲のアピールくらいにしかならない

career strategy 06

あなたの年収の決まり方

年収は、個人の努力以上に、職業選択の時点で決まってしまいます。

つまり、高年収の業界、会社とそうでない業界、会社が存在するのです。

それを考えずに仕事選びをしてしまうと、入社後にどれだけ努力をしても、業界の生産性などという物理的な要因で年収が決まってしまい、努力が報われないケースが多いのです。

キャリアを考えていくなかでは、主観で判断せずに、高年収の業界、会社があるという視点を持ちながら仕事選びをしていきましょう。

年収の高い業界、会社に共通する要素は、

- **既得権益化され価格競争が働きにくい**
- **客単価・製品単価が高い**
- **在庫がなく、粗利率が高い**
- **業界内の市場シェアが高い**

の4つの傾向があります。

これらに該当する業界、会社は給与が高くなる傾向があります。

1つめですが、国が参入に高い条件を課しており、既得権益化されていて、競争が少ない分野は給与が高い傾向にあります。

例えば鉄道・航空などの交通業界、電気・ガス・水道などのインフラ系、通信キャリア、金融機関などです。これらの業界は競合が少ないため価格競争が起きにくいです。そのうえ多額の集客費用もかからないため、必然的に生産性が高くなります。

2つめは、客単価や製品単価が高いビジネスがあげられます。法人向けの広告・マーケティング支援業、人材採用支援業、コンサルティング業、システム開発業などです。

個人向けビジネスでは、不動産ビジネスは単価が高めです。

単価が高いと、低い場合と比較して、売上や生産性が3倍、場合によっては10倍以上になる可能性があります。

その分、給与も高くなる傾向にあるのです。

3つめは、在庫がなく、粗利率が高いビジネスです。

これは、コンサルティング事業や人材紹介事業などが当てはまります。これらのビジネスは基本的には原価が発生せずに、在庫も存在しません。粗利率がほぼ100％になるので会社に利益が残り、その分給与が高くなりやすいのです。

一方、売上が大きくても、原価が高く在庫が多く発生してしまうビジネスは、会社に残る利益、つまり粗利は少なくなってしまうのです。

4つめは、市場シェアが高い会社、つまり、業界最大手企業です。

業界トップクラスの企業であれば、高度に仕組み化され生産性も高いために、給与も高いことが多いのです。

以上4つの視点から、年収が高い傾向にある業界、会社をあげました。

しかし、これらの業界に属していても、そこから離れると同時に給与が下がりますし、これらの会社で働いたからといって市場価値が上がるわけではありません。

ここでは「**給与水準が高い業界やビジネスモデルはある程度決まっており、それを意識したうえでの仕事選びが必要**」と頭に入れておきましょう。

まとめ

- 年収は個人の努力よりも、業界の選択によって決まってしまう
- 生産性の高い業界では働く社員の給与も高い場合が多い
- 個人の趣味嗜好だけでなく生産性の高い業界か否かで職業選択を考えよう
- ただし、生産性の高い業界で働けば市場価値が高まるわけではないことに注意

career strategy 07

新卒と中途採用は異業界

新卒の就活と中途の転職は全く異なります。

私は、中途領域と新卒領域の人材ビジネスは異業界であるとさえ思っています。

「新卒と中途採用は異業界」という理由を、それぞれの採用背景から説明します。

まず新卒採用について考えてみましょう。

就活市場の学生は、当然ですが社会人としての経験がありませんよね。サークル、アルバイトの経験はあるでしょう。

ほとんどの方は、大手有名企業くらいしか知らないかと思います。

競争相手は同じ世代の大学生で、応募企業は新卒一括採用している会社です。

新卒採用ですから、最初から実務経験は求めていません。

企業側の募集の理由のほとんどは、将来の幹部候補の育成を見越して新卒採用をしています。

一部の大手や有名企業に応募が殺到するため、企業側は選びたい放題ですが、全員と面接できるわけではないので、学歴やSPIなどで絞り込むことになります。

次に、中途の転職市場について考えてみましょう。

転職のタイミングは、社会人1年目の場合もあるし、2～3年目、もしくは10年目かもしれません。

もちろん就活時と違って社会人経験はあり、年収実績もあります。

応募先は、大手か有名企業か以前に、少なくとも今の会社への不満を解消できるところを選ぼうとするでしょう。


中途採用では、競合相手である転職者の経歴も様々です。

年齢、在籍企業、年収、業界・職種の経験もバラバラです。


中途の面接では、課長や部長クラスが関与します。

「事業部で退職者が発生したので欠員を補充したい」「今期中に売上を伸ばすために営業社員を3名増員したい」など、今の事業課題を改善するためである場合がほとんどだからです。

そのため、中途採用の募集人数は新卒採用時より少なく、現在の事業課題を改善するためのスキルがあるかという視点で評価されます。
入社時期も３ヶ月以内にしてほしいといった場合がほとんどです。

いかがでしょうか。新卒の就活市場と転職市場では、それぞれの採用背景が全く異なるのです。

つまり、転職市場では、採用企業の現状の課題から逆算された評価基準があり、それを満たす実務経験・スキルがあるかを見られ、採用枠も少ないので、採用されるためのハードルは新卒採用とは比べものになりません。

また、競合相手もベテランです。当然シビアな競争になります。

そのため、就活時に説明会の案内さえ見なかった会社から、転職活動時には職務経歴書を送っても、逆に見向きもされないというケースが多発します。

転職市場では、どんなに能力が高く優秀な人でも、どの企業でも選べるわけではありません。

この意味で、中途市場は学生同士の就活と大きく異なるのです。

まとめ

- 新卒の就活市場と中途市場は異業界といってもいいくらい全く異なる

- 人気業界や人気企業ランキングが存在するのは新卒市場だけ。中途になると業界や企業名よりも、職種の実務経験だけが価値を持つ

career strategy 08

会社選びという虚構

多くの人は良い会社を選ぼうと必死です。

せっかく内定をもらっても、もっと良い会社があるんじゃないか、とエントリーを追加する「会社選び難民」が後を絶ちません。

転職エージェントという仕事柄、「オススメの会社を教えてください」と聞かれることが多いのですが、ハッキリ言って、良い会社に入社するかどうかは、キャリア形成においては関係がありません。

もちろん、私もあえて悪い会社に入社しようなどとは勧めません。が、**良い会社に入社する＝良いキャリア形成ができる、というわけではないのです。**普通の会社でも、きちんと業界×職種経験を選択できれば有望なキャリアにできるのです。

私は、会社軸で選ぶのではなく、職種軸でキャリアを選ぶことをオススメしています。大手企業に勤められたとしても、配属部署によっては市場価値観点で不遇な経験を積むことになってしまうからです。

知名度はなく、小規模な会社でも、市場価値の観点で評価を得られる職種であれば、そちらを選択した方が有益な場合が多いのです。

例えば、有名私大を卒業して大手百貨店に入社し、店長の実務経験を3年間積んだＡさんと、無名大学を卒業して30人規模の小規模ネット広告代理店でアカウントプランナーの経験を3年間積んだＢさんであれば、どちらが市場価値が高いでしょうか。

答えはＢさんです。

Ａさんは、あくまで、小売業界×店舗での経験が3年間で、転職できるのは同じ小売業界内に限られます。他の業界や職種は全くの未経験という評価なのです。

一方で、Ｂさんは、ネット広告業界の無形商材・法人営業職の経験が3年間ある、という評価になります。こうなると、ネット広告業界内での転職はもちろん、異なる業界の法人営業、大手事業会社のＷＥＢマーケター職などへの転職可能性が広がっていきます。

このようにＡさんとＢさんをくらべたときに、企業の選択肢が多いのはＢさんです。

前提として、そもそも良い会社に入ろうというスタンス自体が「会社内価値」を高める思想で、「市場価値」を高めようという発想ではありません。

たとえブラック企業であっても、経験した実務内容が良いものであれば、おのずとその人の市場価値は高まるのです。

逆に、どんなにホワイト企業でも、市場価値観点で評価される経験ができなければ意味がないのです。

ブラック企業であっても、ホワイト企業であっても、そこで得られる業界×職種の実務経験がキャリア形成上、重要なのです。

ここで、企業をマトリクスに整理してみると、「①ブラック×市場価値高まる」「②ブラック×市場価値高まらない」「③ホワイト×市場価値高まらない」「④ホワイト×市場価値高まる」の４つの象限に分類できます。

あくまで市場価値を高める観点で考えると、

「ホワイト×市場価値が高まる」→「ブラック×市場価値が高まる」→「ホワイト×市場

企業マトリクス分析

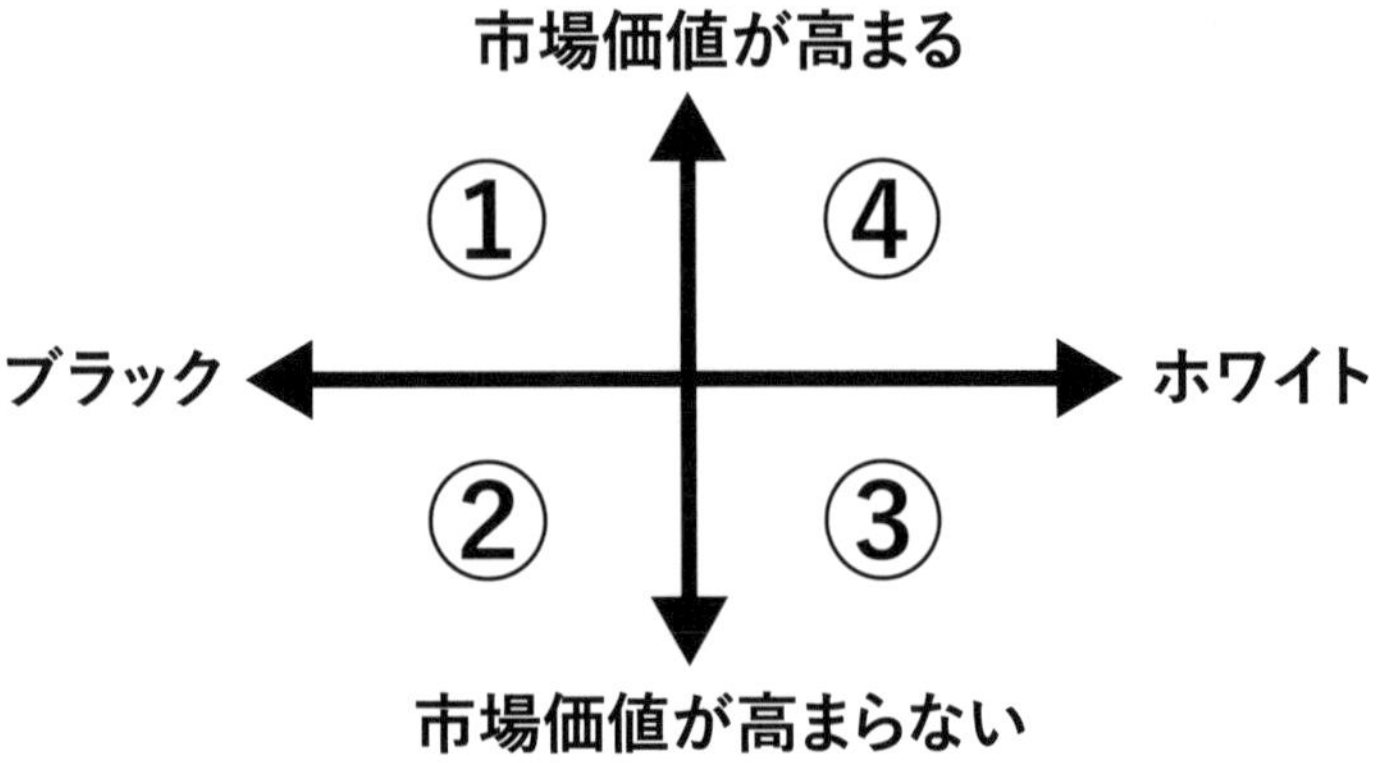

価値が高まらない」→「ブラック×市場価値が高まらない」の順番で選択できると良いでしょう。

しかし、現実は「ホワイト×市場価値が高まる」という会社は少なく、市場価値が低い段階では内定を得られないのが現実で、「ブラック×市場価値が高まる」からキャリアが始まるのが実情です。

なので、最初は「ブラック×市場価値が高まる」会社で市場価値を高めて、その後に「ホワイト×市場価値が高まる」か、「ホワイト×市場価値が高まらない」会社の専門職ポジションに転職するのが賢い戦略でしょう。

よくキャリア論で「石の上にも3年」という言葉を聞くと思います。

しかし、一概にそうとは限らず、「市場価値が高まること」が前提です。身体や精神を壊さないことを前提として、市場価値が高まるのであれば、キャリア形成においてブラック企業でも3年間やり切るメリットは十分にあります。

ですが、市場価値が高まらないなら、ホワイト企業であっても、ブラック企業であればなおさら3年を待たずして辞めてしまっても良いでしょう。

年齢が若い方が未経験の求人にチャレンジしやすいためです。1年でも早く市場価値が高まるキャリアを積んでいくのに超したことはありません。

まとめ

- 良い会社を選ぼうとすることはキャリア形成や市場価値を高めるうえでは意味がない
- 良い会社かどうかで選ぶよりも、職種で選ぶ方がキャリア形成で有利になる
- ブラック企業かホワイト企業かではなく、市場価値が高まる経験が積めるか否かで仕事を選ぶべき

第2章

仕事とは何か？

career
strategy
09

仕事選びの誤解

そもそもキャリアとは、仕事で得られた職務経歴や経験を時間軸で捉えた概念のことです。

一方で、戦略とはなんでしょう？　色々な定義がありますが、「限られた資源で目的を達成しようとすること」といった意味で使われています。

つまり、**「キャリア戦略」というのは、「キャリアにおいて今の経験、スキルを活かして自分の目的・目標を達成するための活動や取り組み」と言えます。**

キャリア戦略とは、これまでに得てきた経験を把握して、目標達成のために効率的に職業選択についての作戦を練っていくことです。

乱暴に言えば、「自分が幸せになるための仕事選びをしていくこと」くらいに認識しておけばいいかと思います。

しかし、多くの人は、この仕事選びについて悩んでしまうわけです。

この仕事選びにおいて、認識のズレや誤解があるために悩んでしまったり、キャリアのミスマッチを生んでいます。

この問題を解決するためにも、**キャリア戦略を考える前に、そもそも「仕事」とはなんであるかきちんと認識しておくことが重要です。**

私はこれまで転職エージェントとして多くの仕事を観察してきました。

リクルート時代は3年間で７００社ほど、様々な企業を訪問し、経営者や人事担当者とやりとりをしてきました。

そこで様々な職種についてヒアリングする機会に恵まれたのですが、そのなかであることに気がついたのです。

それは、どの仕事も泥臭く大変だということです。

多くの人は、今の仕事よりも、他にもっと面白い仕事があるかもと期待しているのではないでしょうか。

転職エージェントの仕事は、転職希望者の仕事の悩みに寄り添いながらキャリアチェンジに対する相談に乗り、求人を紹介し、企業とマッチングさせることです。

「A社を辞めたい、そしてB社に行きたい」という人と、「B社を辞めたい、そしてA社に行きたい」という人の転職相談を同時に受けることもあります。

隣の芝生は青く見えるかもしれませんが、仕事というのはどんな業界・会社・職種であっても大変で、泥臭い部分があるということです。

多くの転職サイトが登場し、求人を気軽に探せるようになりました。どれも非常に便利で使い勝手が良いです。

その一方で、仕事を選び放題という錯覚を起こしているようにも思えます。求人にエントリーするだけであれば誰でもできますから、ＥＣサイトを見るような感覚で、求人に気軽にエントリーできてしまうわけです。

こうなると、年収が高い求人、福利厚生が充実している求人に転職者が集中するのは当たり前です。

しかし、仕事選びは買い物とは異なります。

入社を希望しても、求人企業から選ばれなければ転職はできません。

2章では、仕事選びにおける誤解を払拭したいと考えています。

そのうえで、3章以降で具体的なキャリア戦略の立て方についてお話していきます。

遠回りに思われるかもしれませんが、キャリア戦略において非常に大事なことなので、読み飛ばさずにお付き合いいただければと思います。

まとめ

- 誰にとっても面白い仕事というのは存在しない。どんな仕事にも大変なところが存在する
- 求人エントリーは自由でも、自分が求人企業側から選んでもらえるスキルを持っていなければ選ばれる可能性はほぼゼロ
- 仕事に対する正しい知識をもつことが重要

career
strategy
10

仕事とは、
他の人が
やりたくないことを
代わりにしてあげること

では、実際に仕事とはなんでしょうか？

仕事とは、需要に対する供給者になることなのです。

ここでいう需要側は、消費者やお客さんです。

消費者はニーズを満たすために、供給者のサービスに対してお金を支払います。

つまり、仕事というのは**人が自分ではできない、もしくはやりたくないことを、代わりに行ってお金をもらう活動**なのです。

にもかかわらず、お金をもらいながら楽しい仕事を探そうとする行動自体が間違っていますよね。

仕事の目的は、あくまで消費者のニーズをきちんと満たすことです。

もし自分が楽しみたいのであれば、お金を支払って供給者からサービスを提供してもらえばいいのです。

例えばですが、私は本が大好きで年間300冊は読んでいます。

しかし、今回、本を書いてみて思いましたが、本を作るのと読むのとは全く異なるものでした。編集者の仕事にも触れてみて思いましたが、正直、私にはそれを仕事にすることはできないなと感じました。

あくまで単純に消費者として、本を読むのが好きなのです。

現代は多くの方が好きなことを仕事にしようとしすぎです。そして、実際にやってみたら「こんなはずではなかった」と思ってしまう人が本当に多い傾向があります。

消費者として好きなことと、供給者としてその仕事をして得られる待遇に満足するかは全く関係がありません。

仕事に対して過度な期待を持つと、現実とのギャップで失望したり、キャリア形成に失敗することになります。

繰り返しますが、ただ「面白い」仕事は存在しません。

それでも、私は「その人にとって」やりがいがある仕事はあると考えています。

まとめ

- 仕事とは消費者ではなく、供給者になること
- すべての仕事はイメージとは違い、泥臭かったり、大変な部分がある
- 消費者として好きなことを、供給者として仕事でやりがいに感じるとは限らない

career strategy 11

仕事にはワークとジョブがある

仕事には、供給者が消費者に価値を提供するプロセスがあります。

電話で新規開拓をして、企業に営業する仕事を例に説明します。

その際のプロセスというのは、

Aアタック先のリストアップ → B電話をかける →
C訪問し商談する → D受注する → E売上

といった流れになります。

このA～Eまでの各プロセスを次につなげ、売上という成果を出すのがこの仕事のゴールです。

また、どんな仕事でも「一発屋」ではいけません。市場価値においては会社や業界をまたいで横展開できる汎用的なスキルとともに、「再現性」が重要なのです。

仮にA～Eのプロセスで運良く1件の売上を出せても、それだけで「自分は企業向け新

仕事の概念図

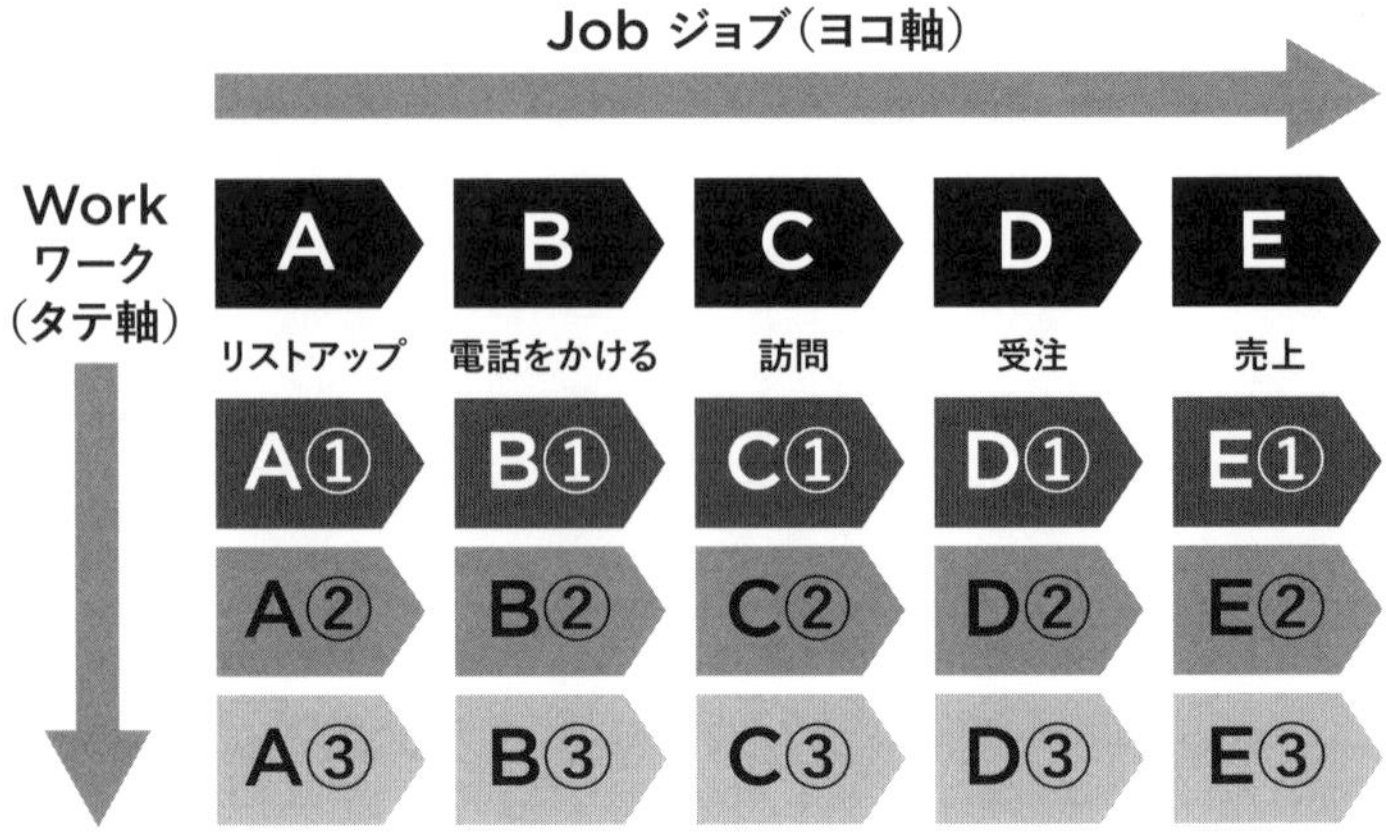

規開拓営業の専門家です」とは言えませんよね。

　これらのプロセスを繰り返しながら、再現性高く売上をあげ続けてきた人こそが信用され、市場価値も高まるのです。

　仕事というのはすべてのプロセスごとに「反復行動」が存在します。例えば、リストアップは１０００件する必要があったり、電話をかけるのも９００件かける必要があるわけです。

　これら各プロセスの反復行動で、積み上げ式の仕事を、私は「ワーク」と呼んでいます。ルーティンワークという言葉があるように

英語のワーク（work）という単語には、単純作業的な仕事という意味合いが含まれています。

Work:
不可算名詞で「仕事」
job に比べ広い意味の仕事
自分が動いて作業するという状態の仕事
動詞で「働く」

仕事の大変さは、このワークを指している場合が多いのです。

しかし、仕事というのはワークだけではありません。

先ほどの例で、商品の価格が１００万円で、月の目標売上が１００万円だとします。そして、ＡからＢの転換率（リストの有効率）が80％、ＢからＣへの転換率（テレアポからのアポ獲得率）が１％、ＣからＤの転換率（訪問受注率）が20％だとします。

転換率から逆算すると、売上100万円を達成するためには、以下の行動件数のワークをする必要があります。

…………

Aアタック先のリストアップ1000件 → B電話をかける800件 → C訪問し商談する8件 → D受注する1・6社 → E売上100万円

…………

しかし、これらのワークだけでよければ、企業は正社員を雇用しなくても、外注してしまってもいいかもしれません。外注した方が人件費も減らせますし、経営リスクも少なくなります。

それなのに、なぜ多くの企業は高い人件費を支払ってまで正社員を採用しているのでしょうか。

その疑問にお答えする前に、先ほどのプロセスに話を戻させてください。

仮に、BからCの転換率（テレアポからのアポ獲得率）を1％→3％に改善できたらどうなるでしょう。

Aアタック先のリストアップ1000件 ↓ B電話をかける800件 ↓ C訪問し商談する24件 ↓ D受注する4・8社 ↓ E売上400万円

基本的に同じプロセスにもかかわらず、Cの訪問数は8件から24件と4倍になり、売上も100万円↓400万円と4倍の成果になります。

企業があえて費用をかけて正社員を雇用している理由は、この転換率を最大化する仕事を期待しているからです。

この転換率を高めるために創意工夫する仕事こそが、ジョブです。**ジョブ（job）という単語は、専門家という意味合いを含んでいます。**

job：
可算名詞で「仕事」
医者や教師など、職業を特定する場合に使う
workに比べるとお金を稼ぐ職業的な仕事を表す

固有名詞で置き換えられる仕事

プロセスごとにヨコに向かって、転換率を最大化するために創意工夫をする仕事こそがジョブであり、正社員の仕事に求められるものなのです。

このジョブを突き詰めてきた人は、少ない時間で高い成果を出し続けることができるようになります。

今回の事例であれば、プロフェッショナルになるというのは「**私に今から１０００件の顧客リストを渡してもらえれば、各プロセスの転換率を○%で進捗させ、○○円の売上を出します。そのために以下の施策を行います**」と言えるようになっていることです。

これは企画、マーケティング、経理、人事、システム開発などすべての仕事において言えることなのです。

そして、**転換率を高めるジョブに取り組むことで、実績、ノウハウが個人に蓄積し**

転換率を上げる仕事=ジョブ=正社員に求められる仕事

図1

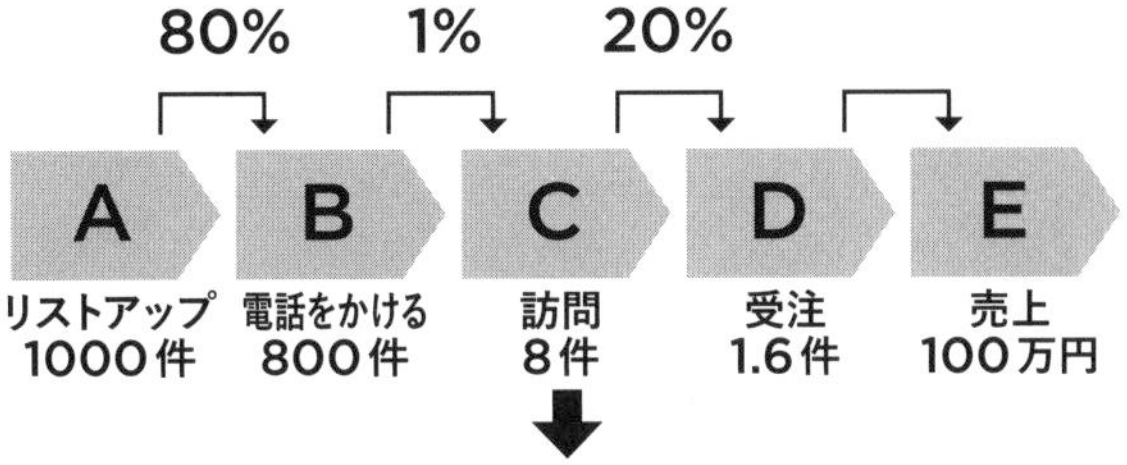

図2

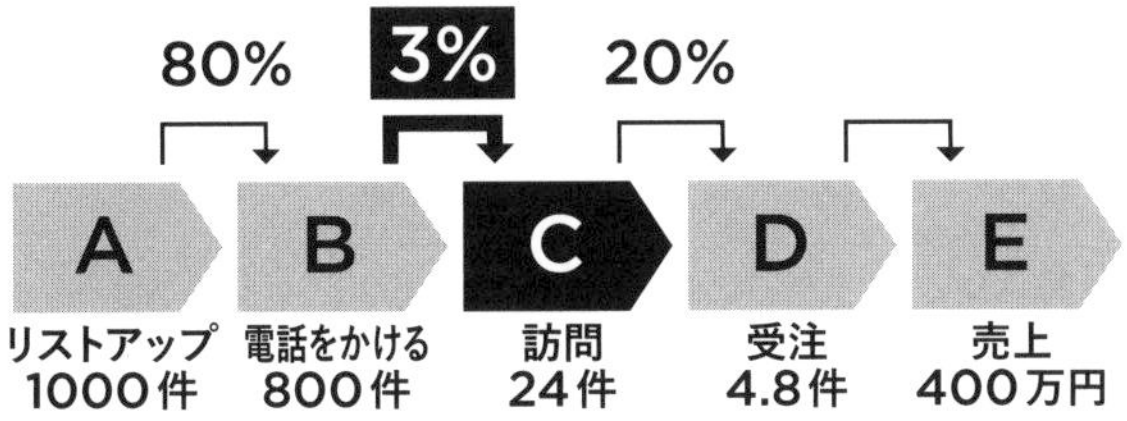

各プロセスの転換率を最大化するために
創意工夫をするのがジョブ

ていくのです。結果として、再現性が認められ、専門家と呼ばれるようになります。ここまできて、ようやく市場価値が上がるのです。

専門性とは、資格を持っていることでもなければ、たくさんの知識を保持していることでもありません。それだけでは専門性とは呼ばないのです。

成果につながらない知識を持っていたとしても、運良く成果をあげただけの一発屋は専門家として認められず、市場価値で評価されないということを肝に銘じておきましょう。

まとめ

- 仕事にはワークとジョブがある
- ワークは反復行動を積み上げる仕事で泥臭い
- ジョブこそが職業人として期待されていること。各プロセスの転換率を最大化できる経験を積むことで市場価値があがる

career strategy 12

仕事は結果で考えろ！

ここでは、仕事の「やりがい」について説明します。

仕事というものを冷静に考えてみると、仕事選びを違った視点で見られるようになってきたと思います。

仕事とは、お金をもらって供給者になることであり、すべての仕事にはワーク（単純作業）が存在するため、どの仕事を選択しても、結局は泥臭い部分があるのです。

転職市場で出会う多くの求職者が、仕事に対して幻想を抱いています。こういった多くの人が、入社した後に、大量のワークだけに近視眼的にとらわれてしまい、「自分がやりたい仕事はこんなことではない！」と早期退職してしまう。

仕事のやりがいは、ジョブをやり切ってから、そこで出た結果と合わせて見て判断するべきです。「プロセスが楽しい仕事」のような過程ではなく、成果などの「結果」にフォーカスしましょう。

仮に、成果を出せるビジネスパーソンになった「結果」を想像してみましょう。

まず、毎月目標を達成して上司から評価され、給与が上がります。

そして、成果を出しつづけていると、会社内や業界でも一目置かれる存在になっていきます。周囲に評価される成果を出していれば、自分で仕事を自由にコントロールできるようになっているでしょう。

このような「結果」が実現できたとしたら「仕事にやりがいを感じない」と思う人はいないのではないでしょうか。

同じ理想でも、「仕事のプロセスそのものが面白くて、市場価値も高まっていく……」という理想よりも、よほど現実的なプランだと思えませんか。

今のワークに辟易としながら他に面白い仕事があるはずと夢見ているより、よほど現実的であり、未来へ希望を持てるはずです。

業界や職種、会社などを変えても、仕事の構造自体は変わりません。

ワークとジョブ、この2つのプロセスはどの仕事であろうが普遍的です。大変で苦しい作業です。転職したところで仕事の構造は変わりませんから、単純に今の仕事のワークに苦しんでいるという理由だけで判断しないことが大切です。まずは「仕事」を正しく把握したうえで、「結果」である成果を出すことに集中する。その後で「やりがい」を追求しませんか、というのが転職を希望する人から大量の相談を受けてきた私からの提案です。

キャリア戦略の前に、仕事そのものに対して誤った認識を持っているがゆえに、失敗してしまっている方がとても多いのです。

仕事の本質について理解を深めることで、キャリア上の失敗を避けられると考えたため、あえてページを割いて説明しました。

ここでお伝えした内容を念頭に置き、キャリア戦略を考えていきましょう。

まとめ

- 仕事のやりがいは後からやってくる
- 仕事のプロセスに期待しすぎて自ら失望してしまう人が多すぎる
- まずは結果である 成果を出すことに集中しよう

第3章

ポジショニング戦略

career strategy 13

キャリア戦略の全貌

いよいよ本題であるキャリア戦略についてレクチャーしていきます。

前章の冒頭でも「キャリア戦略」の定義についてお話ししました。

◉キャリア戦略＝「キャリアにおいて今の経験やスキルや実績を活かして自分の目的・目標を達成する活動や取り組み」

でしたね。

キャリア戦略は、「ポジショニング戦略」と「競争優位の戦略」という2つの戦略の掛け算なのです。

キャリアの成功のためには、この2つをバランス良く設計していくことが求められます。

ポジショニング戦略とは、「自分にとって有利な場所を探す努力のこと」です。

会社の同僚よりも成果を出すことに必死になるのではなく、**どの業界・会社・職種を選ぶかでキャリアにおける優位性を獲得するのです。**

一方で、**競争優位の戦略とは、「入社先でいかに定着・活躍できるかを考える」ことです。**

同じポジション内（業界内・会社内）で競争に勝ち、優位性を確立することを目指すのです。

具体的には、ポジショニング戦略で自身に優位になる業界や会社を選んだ後に、その中で上位2割に入り活躍することを狙います。

なぜキャリアの成功において、この2つの戦略が必要なのでしょうか。

仮にポジショニング戦略を実践して、優位性を発揮できる会社を選定できても、入社後に仕事が苦痛で2～3ヶ月で退職してしまっては、経歴を荒らしてしまうだけです。

一方で、競争優位の戦略で社内で活躍できたとしても、その会社での経験が市場価値で評価されないものであれば、せっかくの努力が報われません。

ですので、必ずこの2つをバランス良く両立していく必要があるのです。

キャリア戦略は、**有利な場所を探す「ポジショニング戦略」と入社後の定着・活躍**

キャリア戦略の全貌

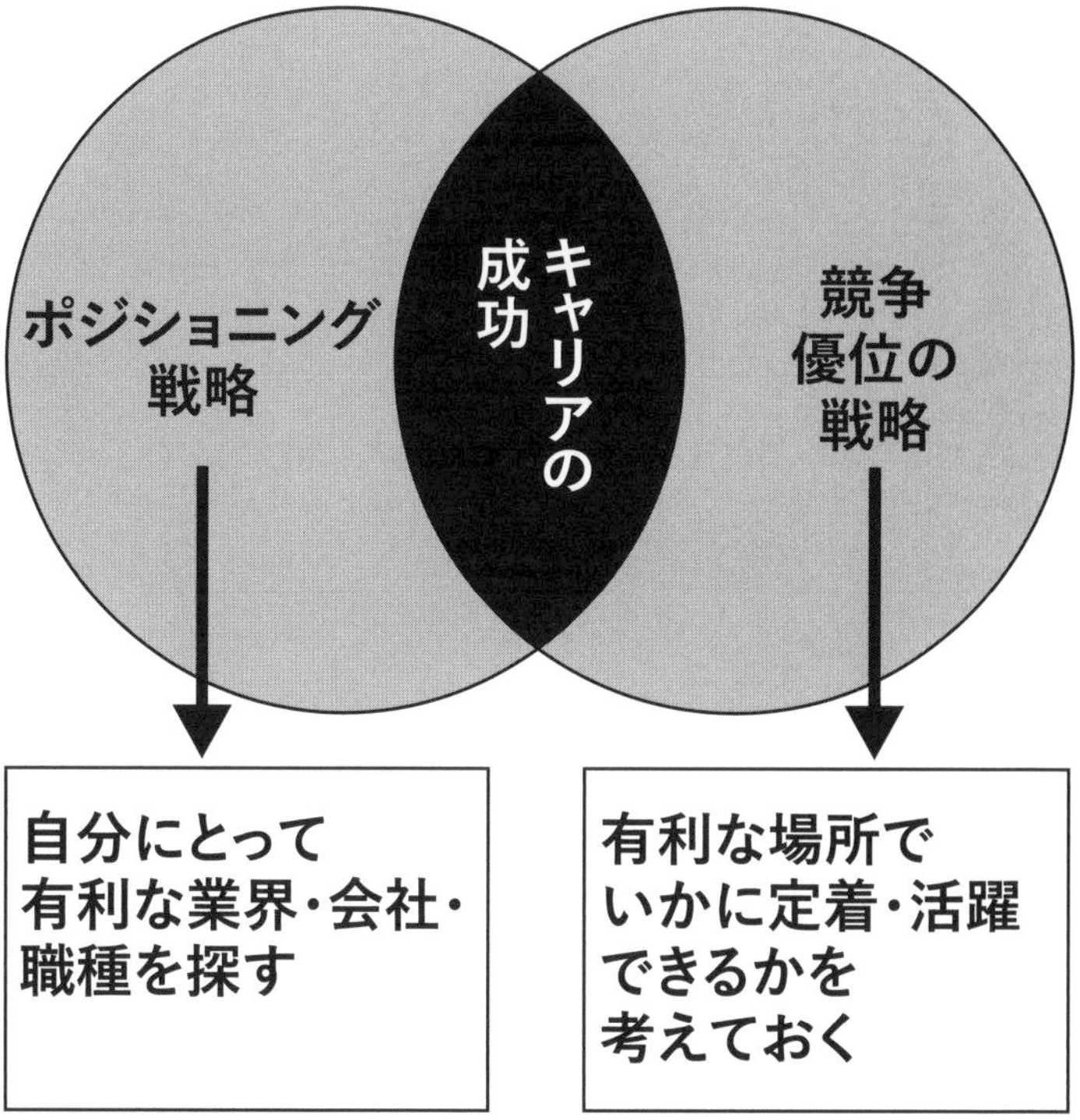
ポジショニング戦略
キャリアの成功
競争優位の戦略
自分にとって有利な業界・会社・職種を探す
有利な場所でいかに定着・活躍できるかを考えておく

から考える「競争優位の戦略」の掛け算で考えると肝に銘じましょう。

まとめ

- キャリアは、ポジショニング戦略と競争優位の戦略の掛け算で考えること
- ポジショニング戦略とは、有利な場所を探す努力をすること
- 競争優位の戦略とは、入社した会社で定着・活躍を考えるためのもの
- ポジショニング戦略、競争優位の戦略の両方をバランス良く設計する必要がある

career strategy 14

ポジショニング戦略で有利な場所を勝ちとる

ポジショニング戦略とは、市場価値が高い状態になれるよう、有利な場所を確保する努力のことです。

では、ポジショニング戦略を実行する際に、どうすれば市場価値の高い状態になれるでしょうか。

そのためには、自らの「希少価値」を最大化する必要があります。「希少価値が高い」というのは、「需要が大きい市場」で、「他の人には代替できない高いスキル」を得ている状態です。

その状態を目指していければ、市場価値は上がっていくのです。

では、「需要の大きい市場」とはなんでしょうか。需要をわかりやすくご理解いただくために、私はよく「お財布」という表現を使います。世の中のお財布の持ち主は、大きく2つに分かれます。

個人のお財布と、企業のお財布です。

個人のお財布とは家計の支出です。家賃、水道光熱費、食費、携帯・インターネット通信費、保険料などです。

一方で、企業のお財布は、損益計算書（P／L）の費用が該当します。

例えば、営業原価や、販売費および一般管理費などです。

販売費及び管理費は、人件費、採用教育費、広告宣伝費、販売促進費、オフィス家賃、外注費、減価償却費（システム開発費）などがあります。

販管費以外では、営業外費用として銀行への支払利息などもよく目にします。

需要の大きい市場というのは、個人のお財布では家計の支出のことです。それらの需要に関連する業界、つまり、マンション・戸建てメーカー、不動産売買・賃貸仲介、食品メーカー・小売、飲食店、通信キャリア、携帯デバイスメーカー、電気・水道・ガス、生命保険などとなります。

一方、企業のお財布においては、損益計算書の経費部分に関連する業界が「需要が大きい市場」です。オフィス管理・仲介、人材採用、人材育成、広告マーケティング、販促プロモーション、システム開発、税理士、銀行などとなります。

ポジショニング戦略の１つ目の条件である「需要が大きな市場」というのは、これらの市場を指しており、これらに関係ある仕事を選択した方が年収は高くなるのです。

そして、「他の人には代替できない高いスキル・専門性」を保持しているかどうかも重要です。

需要が大きい市場というだけでは十分ではなく、他の人に代替できない高いスキルや専門性を身につけていく必要があるのです。

ただ、ここで注意していただきたいのですが、「代替できない」というのは、決して特殊技能を持っているということではありません。仕事の難易度が高いことや、イメージ的に不人気、激務、プレッシャーが多くストレスで耐えられないといった理由なども含まれます。

しかし、イメージ的に不人気、激務、プレッシャーが多い仕事を選択するのはなかなか難しいかもしれません。

その場合、「難易度が高い仕事」を選択するのがオススメです。
決して楽な道ではありませんが、ポジショニング戦略としては正しい選択となります。

難易度の高い仕事の基準をお伝えしておきます。

1つ目の基準は、扱う商品の金額です。安い金額の商品を扱うより、高い金額の商品を扱う方が難しいことが多いです。

当然ですが、高い金額の商品を購入する時は誰でも慎重になりますし、金額以上の価値を感じなければ購入しませんよね。単純に、高い商品を売る仕事は成果が出づらく、難しい仕事と言えます。

2つ目は、知的労働に関する仕事です。

知識や情報で、頭を使い成果を出す仕事は、まず学習が必要です。こうした知識は常に変化を繰り返すため、継続した学習が必要になります。

当然、成果を出せるようになるまで時間がかかるので、モチベーションが維持しにくく、途中でドロップアウトしてしまう人も多いです。

整理すると、商品が高単価で、かつ行動量だけでなく、知識を駆使して成果を出せる仕事を選ぶことが、ポジショニング戦略において大切です。

ここで先ほどの個人と企業のお財布を比べると、企業の方がより資金力や予算枠も大きく、商品の単価は高くなりそうです。

また、企業相手の仕事の方が、より高度な専門知識を求められるでしょう。

つまり、企業のお財布に関連する業界や商材で、「需要が大きな市場」の条件を満たし、これらの分野で専門性を磨いていけると、「他の人に代替されにくいスキル」を獲得でき、希少価値が高まっていくのです。

まとめ

- ポジショニング戦略では、市場価値の高い優位な仕事を選択していく

- 希少価値とは、需要の大きな市場で、他の人に代替されにくいスキルを獲得すること

- 需要の大きな市場は、お財布で考えるとわかりやすい。個人の家計と企業の経費に注目する

- 代替しにくい仕事の中で、多くの人にとって取り組みやすいのは、難易度が高い仕事を選ぶこと

career strategy 15

ファーストキャリアは「無形商材×法人営業」がおすすめ

結論からお伝えすると、キャリア戦略のファーストステップとしては「無形商材の法人営業」がオススメです。

無形商材の法人営業とは、「形のない商材を、企業に対して提案営業する」仕事です。

転職市場においては同じ営業職でも、商材が有形か無形か、顧客層が個人か法人かの組み合わせによって、仕事の内容、求められるスキルや適性、市場価値が大きく異なってきます。

市場価値の観点からは、「無形商材×法人営業」→「有形商材×法人営業」→「無形商材×個人営業」→「有形商材×個人営業」の順番になります。

この無形商材の法人営業は、広告代理店、人材紹介会社、ＷＥＢマーケティング、ＩＴシステム開発の法人営業などが該当します。

無形商材の法人営業をオススメする理由は４つあります。

●未経験であってもチャレンジしやすいから

ファーストキャリアは「無形商材×法人営業」で!

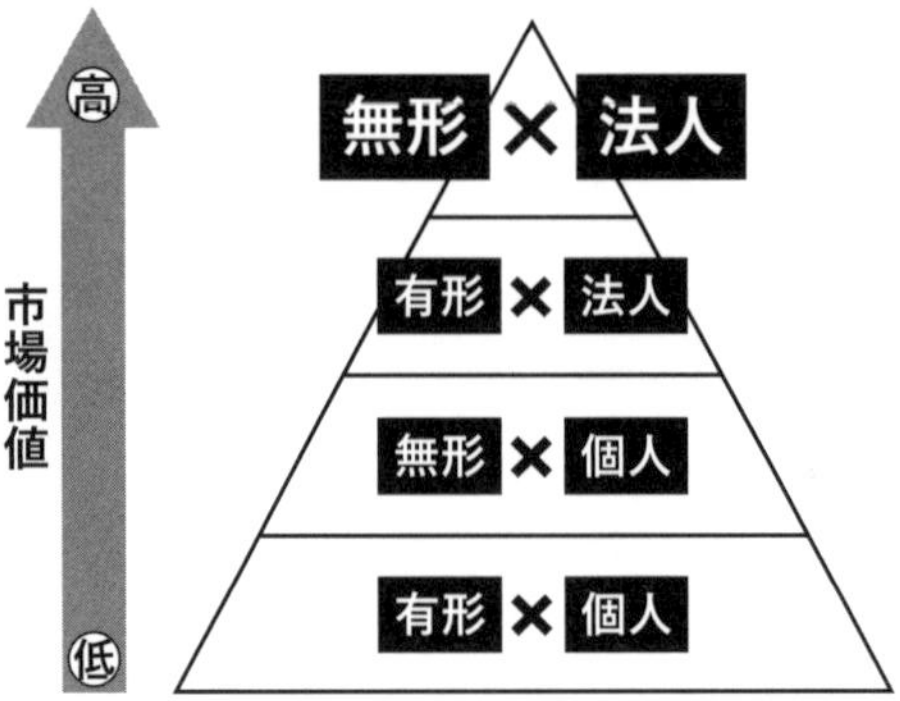

●給与が上がっていきやすいから
●営業の中では押し売りがしにくく、顧客価値を追求できるから
●専門性を高められ、専門スタッフ職に幅を広げてキャリアチェンジしていけるから

●未経験であってもチャレンジしやすいから

これまでお伝えしてきた通り、転職市場は基本的に即戦力の人材を求めるので、実務経験がなければ対象にならない求人がほとんどです。

そんなシビアな転職市場の中で、未経験でもチャレンジしやすいのは、営業職か事務職になります。

しかし、事務職は大手企業ほど正社員採用はせずに派遣スタッフで賄う場合が多いのです。

そうすると、必然的に選択肢は営業職に絞られてきます。

営業職の中でも無形商材の法人営業は、他の職種と比較するとチャレンジしやすいのです。

●給与が上がっていきやすいから

企業向けの営業職は商品単価、顧客単価が高いことが多いです。

さらに無形商材は粗利率が高く、商材の仕入れや原価が必要ないケースもほとんどです。

そうすると、売上＝ほぼ粗利になります。給与の原資は粗利なので、営業職で成果を出している限り給与が上がりやすい傾向があります。

さらに、無形商材の法人営業は売れるノウハウ、専門知識が営業マン個人に帰属しやすく、営業マンそのものが商品とも言えます。

そのため、無形商材の法人営業では、売れる営業マンＡが月売上５００万円、売れない営業マンＢが月売上50万円というように成果に差が大きくついてしまうのです。

会社からすれば売れる営業マンＡに辞めてほしくないので、給与を多く支払うインセンティブも高まります。

●営業の中では押し売りがしにくく、顧客価値を追求できるから

無形商材の法人営業は、商品を売るというより、クライアント企業の事業課題の解決策を売るのが主な仕事です。

買い手である企業は、商品をビジネス上の判断で購入します。

そのため、経営課題の解決策を提案できなければ売れない一方で、売れた場合は顧客と営業マンが会社を越えた個人的な信頼関係で結ばれやすくなります。

また、無形商材の法人営業は、営業マンが納品まで兼任する会社が多く、最初から最後まで責任を持ってサービス提供できるため、やりがいを感じやすい仕事とも言えます。

●専門性を高められ、専門スタッフ職に幅を広げてキャリアチェンジしていけるから

最も重要な点ですが、無形商材の法人営業として経験を積んでいくと、専門知識が蓄積

していきます。

すると、法人営業としてのスキルも熟達していくと同時に、取引先であるクライアントからの引き合いが得られるようになるのです。

すると、関連する専門スタッフ職へと転職においての選択の幅が広がり、市場価値を高めていけるのです。

まとめ

- 若手ビジネスパーソンは無形商材の法人営業からスタートするのがオススメ

- 同じ営業でも、顧客が法人か個人か、商材が無形か有形によって、仕事の内容はもちろん、市場価値が大きく異なる

- 無形法人営業は未経験でもチャレンジしやすい。扱う商材の専門性が高まることで、事業会社の専門スタッフ職への道も開けることが大きなメリット

career strategy 16

年収1000万円のキャリア戦略の描き方

ここからは、「25歳のメーカー法人営業職のCさんが、35歳までに年収1000万になる」というキャリア目標を例に、具体的なポジショニング戦略についてレクチャーしていきます。

まず、大手求人サイトや大手人材紹介会社に登録して、年収1000万円以上の求人を複数閲覧してみましょう。

年収1000万円以上の求人を100件ほど閲覧して、それらの共通項を見つけてルール化していくのです。

そうすると、年収1000万円以上のオファーが出る求人の傾向が見えてくるはずです。

例えば、外資系IT企業やコンサルティングファーム、金融業界、マーケティングスペシャリストや、事業企画職種、システムのPM（プロジェクトマネージャー）、大手事業会社の営業部長や人事責任者などが多数出てくるでしょう。

ざっと傾向を掴んだうえで、「仮に年収1000万円を得られたとして、これらの仕事をやりたいと思えるか」を自問自答してみましょう。

この時点で興味を持てないと感じる求人は排除してください。

その後に、残った求人の必須条件と歓迎条件欄をチェックします。

この必須条件と歓迎条件欄で共通している経験やスキルをまとめましょう。

キャリアの逆算は、まず、希望する求人の必須条件・歓迎条件を把握することが大事です。ここで把握した経験、スキルを段階的に獲得しながら、キャリアアップしていくのです。


では、具体的に、現在の年収が４００万円のCさんが35歳時の目標とする「年収１０００万円、メガベンチャーのマーケティング責任者」へのプロセスを逆算して考えてみます。左ページの年収１０００万円を目指すキャリア戦略の図を見てください。

目標であるメガベンチャーの必須条件を見ると「事業会社のマーケティング部門でのリーダー経験」とあります。このメガベンチャーに入社するには、事前に「事業会社でのマーケティング部門でのリーダー」を、別の会社で経験しておく必要があることがわかりま

年収1000万円を目指すキャリア戦略

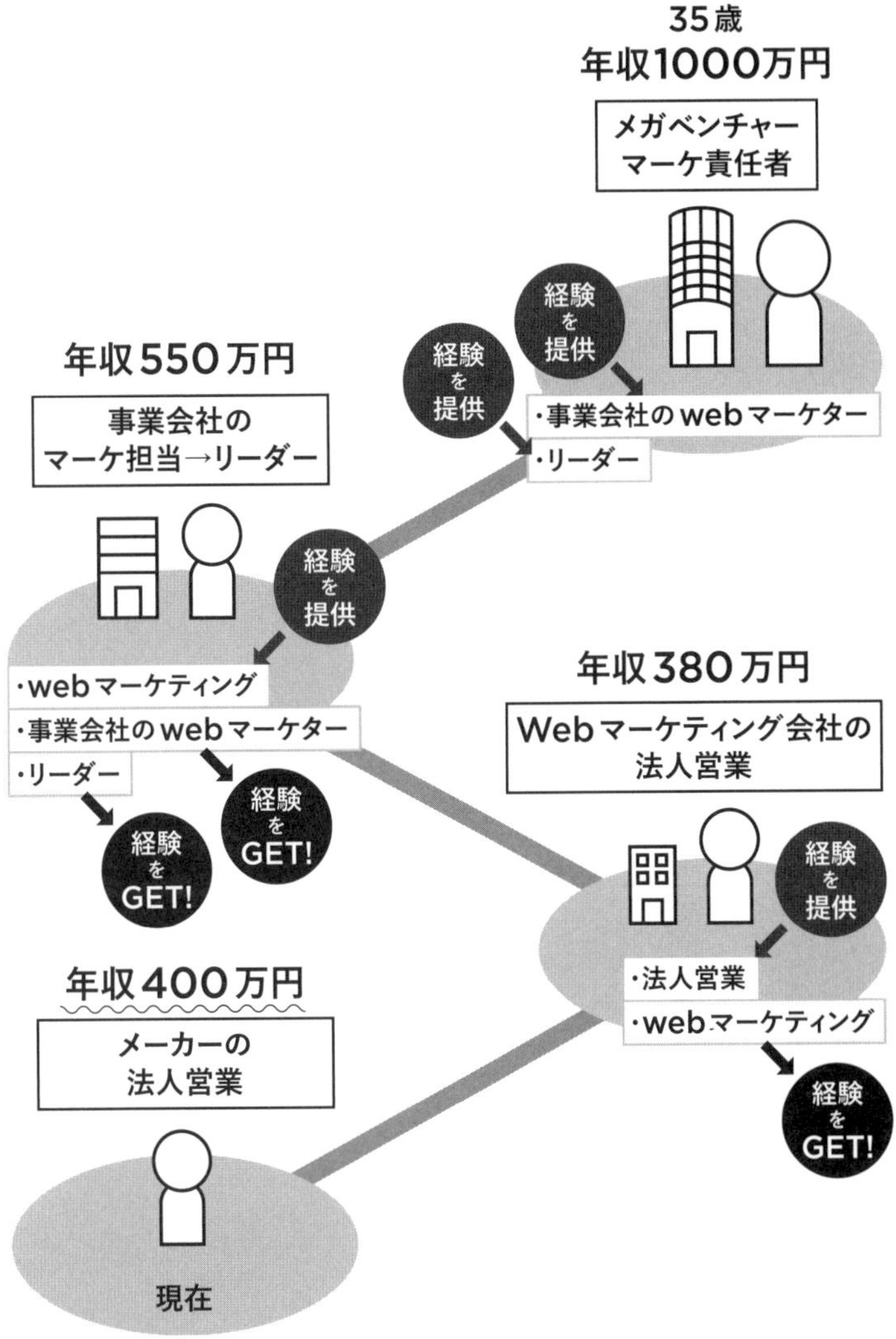

す。

まずはこの条件が得られそうな求人を探していきましょう。

探してみると、リーダーポジションの求人は少ないのですが、入社後に成果を出し、リーダーになれそうな求人は多数あります。ここでＣさんは「事業会社でのマーケティング担当」の求人に目をつけました。

ただ、「事業会社でのマーケティング担当」の必須条件には「広告代理店、もしくはＷＥＢマーケティング会社の法人営業経験」とあることが多いです。現在「メーカーの法人営業」を仕事にするＣさんはこの条件を満たしていません。

ですから、Ｃさんが「事業会社でのマーケティング担当」になるには、「広告代理店、もしくはＷＥＢマーケティング会社の法人営業経験」を積める会社に入社する必要があります。

「広告代理店やＷＥＢマーケティング会社の法人営業職」は、多くの場合、何かしらの商材の法人営業経験があればチャレンジできます。Ｃさんはメーカーで法人営業をしているので、これらの求人に応募することができるのです。

このように逆算してキャリアを考えていくと、Ｃさんが取るべきファーストステップがはっきりとわかりますよね。

今回の事例では、Ｃさんが年収１０００万円を達成するには、まずＷＥＢマーケティング会社などに転職してマーケティングの専門知識を獲得し、次のステップで事業会社でのマーケティングプレイヤー、リーダー経験を得ておけば、メガベンチャーのマーケティング責任者を目指せることがわかりました。

これらの求人を「３年を１つのステップ」として経験を積んでいくことをプランとし、キャリアの逆算を考えておくのです。

自分のキャリアを逆算し、今後の展望を明確にしておくと、企業の知名度、面白そうな仕事内容、自由闊達なカルチャーなどのふわっとした理由で求人選定してしまうリスクを避けられます。

そして、いかに次のステップの求人につながる経験やスキルを獲得できそうかという観点で、キャリアを選択できるようになるのです。

直近のステップとなる求人の年収が低くても、次に繋がる経験、スキルを獲得できるのであれば、迷わずチャレンジすべきです。

ここで、なぜ１つのステップが3年間なのかと思われる方もいると思うので説明しておきます。

キャリアというのは、１つの職種を大体3年で１セットとして評価されることが多いのです。

その職種での「3年」という経験は、その職においてある程度習熟し、成果を出せるだろうという判断基準に充てられるケースが多いという現実があります。あくまで目安なので、前職と関連度の高い経験であれば、厳密には2年や2年半であってもいいでしょう。

逆算型でステップを考え、3年ごとに着実にキャリアを積んでいけば、年収１０００万円も達成可能な目標となるのです。

まとめ

- キャリア戦略は逆算から考える。ゴールとなる求人を集めてリサーチするところから始まる
- ターゲット求人の必須条件欄をチェックし、その必須条件となる経験を獲得できる求人を調べていくことで、目標を達成するために選ぶべき直近の求人がわかる
- キャリアにつながる経験・スキルを獲得できるかを基準に求人を選ぶ

career strategy 17

新卒社員の報われない現状

ここで、あることについて疑問を持たれている方もいるかもしれません。

それは、「今いる会社で内部昇格してキャリアアップを狙えばいいのでは？」ということです。

新卒で入社した会社は人間関係も良いし、愛着もある。ものすごく給与が高いわけではないが、特に不満はない。

であれば、この会社で努力してキャリアアップを目指すべきではないか、という意見です。

たしかにこれまでの終身雇用・年功序列が安泰であった時代であればそれでもよかったでしょう。企業もジョブローテーションで社員に様々な部署を経験させて、ゼネラリストとして育成することができました。

しかし、競争環境も激化する昨今では、日系大手企業でさえ、市場の変化スピードに追いつけず、人材育成に長い時間を投資できなくなっています。

そうした背景から、社内の重要なポジションは、中途採用して登用するケースが非常に増えています。

このような状況のなかで、新卒からコツコツ努力を重ねて昇格していったとしても、外部から来た中途のスペシャリストにポジションを奪われるなんてことが当たり前に起こってしまうのです。

また、新卒社員は基本的に総合職として一括オープンで採用され、配属先は入社後までわかりません。多くの場合、自分の希望とは関係ない部署に配属されるので、専門性を高められるようなキャリアを築きにくいのです。

それではパラシュート人事で入ってきた中途人材は、どこでそのスキルを得てきたのか？

広告代理店の法人営業や、マーケティングコンサル会社などの支援会社で、その職種の専門性を培ってきたのです。

消費者目線で見ると、大手の事業会社はわかりやすい人気商品があるので、就活では人気です。

しかし、実は事業会社よりも、コンサルティング会社のような支援会社の方が専門性は高めやすい構造があるのです。

支援会社は、複数の事業会社に対して、マーケティングなどに特化してサポートするというビジネスモデルです。

そのため、支援会社で働いていると、事例やノウハウ、業界情報を得やすく、専門性を高めやすいのです。

先にお伝えした無形商材の法人営業は、まさにこの支援会社の法人営業職のことなのです（ここでの事業会社の定義は、自社商品やブランドを持ち、外部収益を獲得する会社。支援会社は、マーケティングや広告宣伝など事業会社のサポート的な事業を行う会社のこと）。

あなたもこの仕組みを知っておけば、パラシュート人事で降り立つ側になることも夢ではありません。

ポジショニング戦略を活用すれば、キャリアを切り開いていくことができます。しかし、そこには大きな罠があります。

その罠とは何か、その罠を回避するために、次の章ではキャリア戦略において大切な競争優位の戦略についてお話ししていきます。

まとめ

- 新卒で入社しても、
希望する職種に異動できる可能性は低い

- 日系大手企業ほど総合職一括採用を
行っており、配属先をコントロールできない

- キャリア戦略を実践して
パラシュート人事で降り立つ側になろう

第4章

競争優位の戦略

career strategy
18

競争優位の戦略で入社後の定着・活躍を考える

ポジショニング戦略を実践するうえでの罠とは何か。

仮にポジショニング戦略で希望の会社に入社できても、**定着・活躍ができなければ絵に描いた餅であり、むしろ短期間でドロップアウトして経歴を傷つけてしまうリスクもある**ということです。

キャリアは３年で１セットとお伝えしました。

つまり、１つの仕事を３年はやり切らなければキャリアとしては認められません。

この３年やり切るということをより具体的に表現すると、入社後に定着すること、活躍することの２つが同時に実現できている状態を指します。

この観点で必要なのが、競争優位の戦略です。

競争優位の戦略というのは、選択した会社において、いかに同僚と比べて優位に立ち、勝ち残り続けるかということです。

定着というのは、どんなに大変でも、３年間はその会社で頑張れるかという視点です。

活躍というのは、その会社のなかで、上位2割以上の存在になれるのかという視点です。

競争優位の戦略を考える際には、自分自身の分析が重要になります。入社先において定着、活躍できる理由は人によって千差万別だからです。

この章では、競争優位の戦略について説明していきます。

まとめ

- ポジショニング戦略をいくら実践しても
定着と活躍がセットにならなければ意味がない

- 競争優位の戦略とは選んだ会社や仕事で
定着と活躍を実現するためのもの

- ポジショニング戦略を前提としたうえで、自分が定着して、
活躍できる会社や仕事を選択するために、
自分の内部要因分析が必要

career strategy 19

勝ち残りたければ、自己分析せよ！

競争優位の戦略では、自分はどういう会社や仕事であれば定着、活躍できそうかについて「自己分析」を行う必要があります。

気をつけてもらいたい点は、自分探しとは違うことです。

私は、自己分析とは、「自分は本当に何をしたいのだろうか？　自分らしさとはなんだろう？」といったあやふやなことを探求するのではなく、会社や仕事とのマッチ度を高めるための「分析作業」と強調してお伝えしています。

まず、定着について考えてみます。

転職エージェントとして、転職理由を数千人単位で聞いてきた私としては、**定着において重要なのは、自分自身のやりがいと苦痛を把握する**ことだと考えています。

その仕事にやりがいを感じており、苦痛が少なければ、その仕事を辞めることはないでしょう。

ここで言うやりがい、苦痛とは何でしょうか？

やりがいとは他の人にとっては重要ではないけれど、自分にとっては仕事で強く動

機づけを得られることです。

苦痛とは、他の人にとっては苦でなくても、自分はつらく感じてしまうことです。

まず、これを把握するのが大切です。

当たり前じゃないかと思われるかもしれませんが、考えていない方がとても多いのです。

その求人が魅力的な会社かどうかのみで選んでしまう人がほとんどなのです。

魅力的な会社から内定を得られたら、すぐに承諾をしてしまうといった具合です。

このような形で入社を決めたほとんどの人が、入社後にやりがいを感じられなくなって悩んだり、苦痛に耐えきれずに退職してしまったりしています。そういう人を何人も見てきました。

これはキャリア選択において陥りやすい罠です。

ですので、当たり前だとバカにせず、自分のやりがいと苦痛を分析する作業をしましょう。

これから具体的に、やりがいと苦痛の分析方法について説明します。

基本的には現職・前職をヒントに取り組むのをおすすめします。

学生であれば、アルバイトや大学でのサークル・部活などでも構いません。

「今の仕事で一番やりがいに感じたことは何ですか？」、逆に「今の仕事で一番苦痛に感じていることは何ですか？」という質問に答えていくのです。

多くの転職者は、不満が閾値を超えた時に転職活動を開始するため、過度に感情的になり、現職のすべてを否定的に解釈しがちです。

しかし、冷静に振り返ってみると、仕事を進めるなかで、やりがいに感じたポイントは存在するはずです。そこを洗い出してみましょう。

ただし、この時に重要なのは、**因数分解を徹底すること。**

そして、**ベストとワーストを絞り込むこと**です。

分析をして、「営業としてお客さんに対してソリューション提案をした結果、受注に繋がり、業績達成した瞬間がやりがいを感じた」というのが出てきたとします。

しかし、ここで終わらせてはいけません。そのやりがいは、複数の要素で構成されているので、それを因数分解して一度並べてみるのです。

先ほどの例も、いくつかに分けられると思います。例えば、

●目標数値を達成してインセンティブが得られること
●難易度の高い複雑なソリューションを考え出し、それが顧客に受け入れられたこと
●顧客に喜んでもらい「ありがとう」と言われること
●チームで一丸となって業績目標が達成できたこと

など、いくつかの要素に分けることができます。

この中で最も自分が重要視しているやりがいは何か？　優先順位をつけてベストを絞り込んでいきましょう。

実は、「自分にとって目標達成できたかどうか」はそこまで重要ではなく、「複雑な課題に対して自分なりに多面的な視点で分析し、考え、提案すること」がやりがいの大きなシェアを占めていたという可能性もあるのです。

苦痛においても同様です。

仮に、「そもそも営業がしんどく、営業はやりたくないので社内メンバーをサポートする仕事の方が……」という不満があったとします。

その人が感じている苦痛も複数の要素で構成されているはずなので、同じく因数分解していきます。

例えば、

●商材が粗悪で顧客に迷惑をかけてしまったこと

- ●上司の高圧的なマネジメント方針
- ●顧客層へ共感ができず、仕事に張り合いがないこと
- ●同僚が非協力的で個人主義的なこと
- ●ノルマが高すぎて未達成が当たり前となってしまっている状態

といった複数の要素が考えられるはずです。

これらを感情的にとらえてしまい、「そもそも営業という仕事が嫌だ。営業以外の事務や企画の仕事に転職すれば解決できるはず……!」という解釈をしてしまう人はとても多いです。

現状をきちんと分析しなければ、解釈が歪み、キャリアの打ち手を大きく間違ってしまいます。

例えば、苦痛の本質は、実は営業職という仕事内容ではなく、上司の高圧的なマネジメントであり、それですべてが嫌になってしまい、「営業そのものが嫌」という解釈に至っ

てしまっていたりするのです。

自己分析においては、やりがいに感じたエピソードも、苦痛に感じたエピソードも、しっかり因数分解をして、そのなかで、何が自分にとって重要なのかを特定することが大事です。

この自己分析からわかった「やりがい」と「苦痛」からキャリアを考えていくと、入社後の定着と活躍の可能性を高められるのです。

まとめ

- どういう会社や仕事であれば自分が定着・活躍できるのかを考えるために自己分析を行おう
- 自己分析は、自分探しではなく、入社後のマッチ度を高める「作業」と割り切ろう
- 入社後の定着のマッチ度を高めるためには、現職・前職の仕事でのやりがいと苦痛を振り返り、分析する必要がある

career
strategy
20

入社後の活躍は、適性と志向性の分析から

多くのビジネスパーソンの転職をサポートしてきたなかで、**入社後の活躍には「適性」と「志向性」の2つが重要であるという結論にたどり着きました。**

「適性」とは、その人の特質によってうまくできることです。

「志向性」とは、その人がキャリアや仕事に求める方向性と、所属する会社や仕事の方向性が合致しているか、という意味合いで用いています。その人独自の未来に向けた価値観とも言えるでしょう。

その人の適性が入社する会社や仕事に適していれば、早期にキャッチアップして成果を出せます。

また、志向性が会社、仕事の方向性と合致していると、より早く成長し、社内でも活躍できる可能性が高いのです。

この適性と志向性を自ら把握したうえで、会社や仕事を選択できれば、入社後に活躍し続けられる可能性が高まります。

では、どのように適性と志向性を分析すればいいのでしょうか。

適性については、定着の自己分析と同じように前職・現職を仕事をヒントに考えましょう。

ここでも因数分解をしてから優先順位を付けて、ベストを絞り込むことが重要です。

仮に、「求人広告の法人営業で常に成績上位者にいたので営業は向いている」という解釈をしたとしても、成果をあげるプロセスで、具体的に何が得意だったか、その要因は何かまで深掘りが必要です。

具体的には、「同僚と比較して、見込み度の高いクライアントリストを発掘するのが強みだった」のか「クライアントの決済者をグリップすることが強みだった」のかまで特定します。

そのうえで、「なぜ自分はそれが得意でうまくできたのか」という理由まで分析しておくのです。

ここで言語化した適性を活かせる仕事を選べれば、入社後に活躍できる可能性は高くなります。

次に、志向性については、「その仕事をするうえで何が自分にとって動機になるか」を言語化するのがポイントです。

仕事というよりは人生レベルで、自分にとって過去の印象深い経験を洗い出して、その原因まで深掘り、その共通項を探していくのがオススメです。

志向性を把握する際に、２つのフレームワークを活用してもらっています。

１つ目は、「**志向のマトリクス**」です。

横軸に「利己的 or 利他的」縦軸に「インパクト志向か or 手触り感志向か」というマトリクスで自分がどこに位置するかを分析するのです。その際に、なぜそのように思うのか、過去のどういった体験がそのような価値観を形成したのかまで言語化しておきましょう。

これにより、おおよその傾向を掴むことができます。

◉利己的：自分の成長や達成感など、自分起点で動機づけされる

- **利他的：他人への貢献や価値提供など、他人起点で動機づけされる**
- **インパクト志向：世の中への影響力の大きさ、扱う金額の規模に動機づけされる**
- **手触り感志向：自分が関与、価値提供したことの実感を得やすいことで動機づけされる**

例えばこのマトリクスで「利他×手触り感」に該当するとしたら、人材紹介事業のベンチャー企業やキャリアアドバイザーの仕事で、顧客志向の強いカルチャーの会社がいいのでは、と関連付けて考えていきます。

2つ目のフレームワークは、「**仕事における長期的な役割パターン**」です。

この「より長期で自分が探求していきたい将来像を考える」ことで、伸ばしたいスキルを具体化できます。

長期的なキャリアの行く先として、左記のような役割に収斂していくことが多いです。

志向のマトリクス

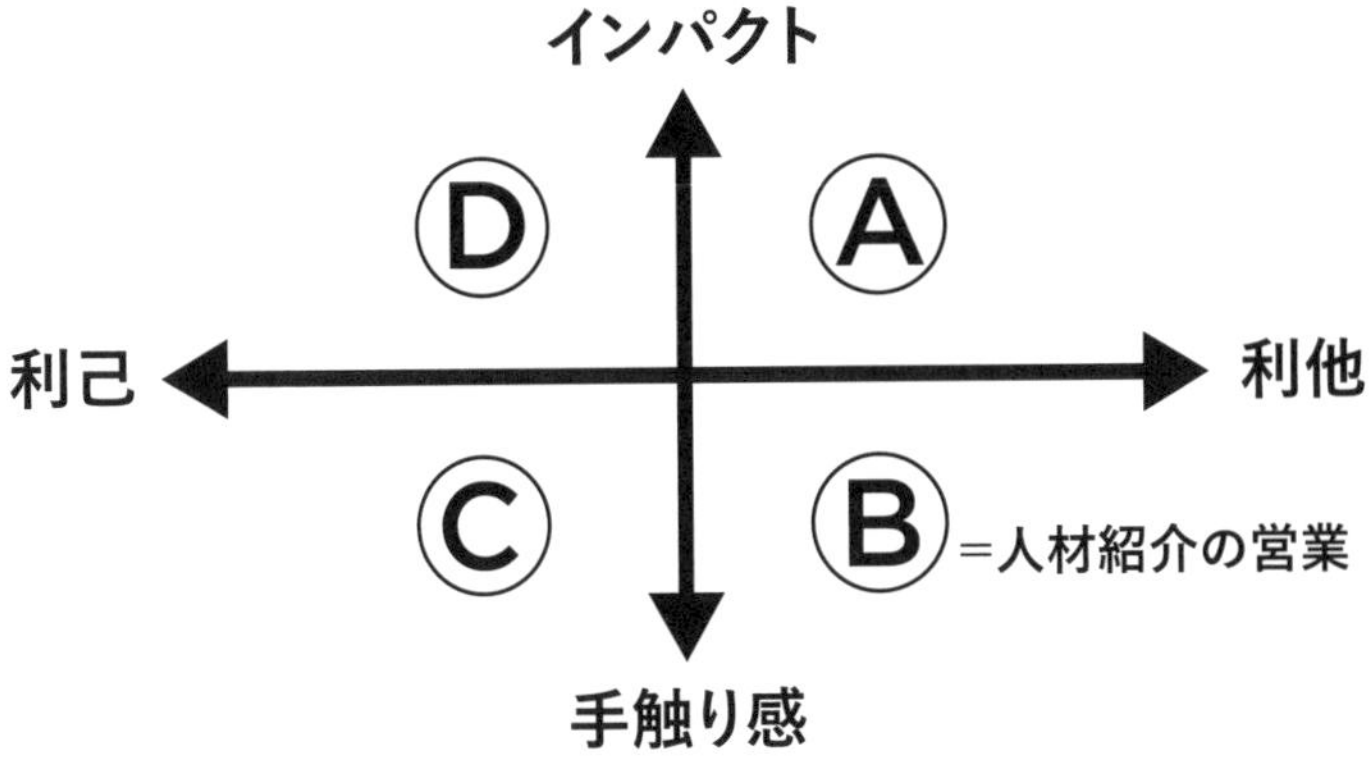

●プロフェッショナル：専門性を活かして顧客に対して直接価値提供する
●スペシャリスト：専門性を自社に対して価値提供する
●マネジメント：組織をマネジメントする管理職
●企画系：事業企画や商品企画など0→1などの広い役割
●起業：他の4つのいずれかのキャリアを積み、独立起業

自分がこれらのどの役割になっていたいか、それはなぜか、を言語化してみましょう。

これはキャリアの着地点を考えるための枠組みなので長期視点で考えるものですが、短期でのイメージも考えてみてください。

短期と長期の役割は必ずしも一致していなくても構いません。

例えば、短期ではプロフェッショナル志向だが、長期ではマネジメントになっていきたいと設定して、「なぜそう思うのか？」を言語化すると、志向性を考えるヒントになります。

マネジメントを志向しているとしたら、「管理職ポジションが詰まっておらず、今後の成長が見込めそうなベンチャー企業でマネジメント経験を積むチャンスを狙おう」という要領で考えていきます。

このように、仕事を選択する際には、定着については「やりがいと苦痛」、活躍については「適性と志向性」をきちんと言語化し、それを仕事選びに紐付けてマッチ度を高めることが大切になってくるのです。

まとめ

- 入社後の活躍のマッチ度を高めるためには、適性と志向性を分析する
- 適性は、過去の仕事で、成果を出したプロセスのなかで同僚と比べてうまくできたことを振り返り、言語化する
- 志向性は、志向マトリクスや、将来の役割イメージのフレームワークを活用し、把握する

career strategy 21

キャリアビジョンを設計して、さらなる高みを目指す！

さらに高いレベルで定着と活躍の可能性を高めたい場合は、キャリアビジョンを設計しましょう。

キャリアビジョンは、自分独自のビジョンを言語化したものです。

キャリアビジョンを設計しておくと、仕事でつらい時や迷いが出た時の拠り所になります。どんな仕事でも、辛いことや大変なことはあります。

その時に、このキャリアビジョンに立ち返ることでブレが減るのです。

将来のビジョンが明確となり、今がそのプロセスであるという自覚を持てると、視野が広がり、やりがいも高まります。

また、キャリアビジョンがあると、仕事に対する目的意識が明確になるので、ビジネスパーソンとしての成長スピードも高まります。

このようにキャリアビジョンを明確にしておくと、たくさんのメリットがあるのです。

それでは、キャリアビジョンの設計について説明していきます。

私は、キャリアビジョンを設計する際に用いるグラフを「キャリアグラフ」と呼んでいます。

一緒にキャリアグラフを書いていきましょう。

キャリアグラフは左図のようになります。横軸を時間Xとし、縦軸を自己実現度Yとします。O地点を現状の自分Bとします。右斜め上の地点に将来ありたい姿Aを設定します。このA（ありたい姿）からB（現状の自分）のギャップをCとします。C（ギャップ）は、足りない経験やスキルなどです。C（ギャップ）は1つだけということはないので、目安として3つ程度に分解しましょう。C①、C②、C③と要素分解します。

このギャップであるCを埋めるために、今後とるべきアクションプラン、努力をDとします。Dも1つだけではないので、D①、D②、D③と要素分解します。

そして、選考エントリーする会社をEとします。

今後のアクションDと選考企業Eが重なる部分をFとします。

このFが次の転職先Eに対して自分が求める経験やスキルであり目的で、いわゆる志望

キャリアグラフの全体像

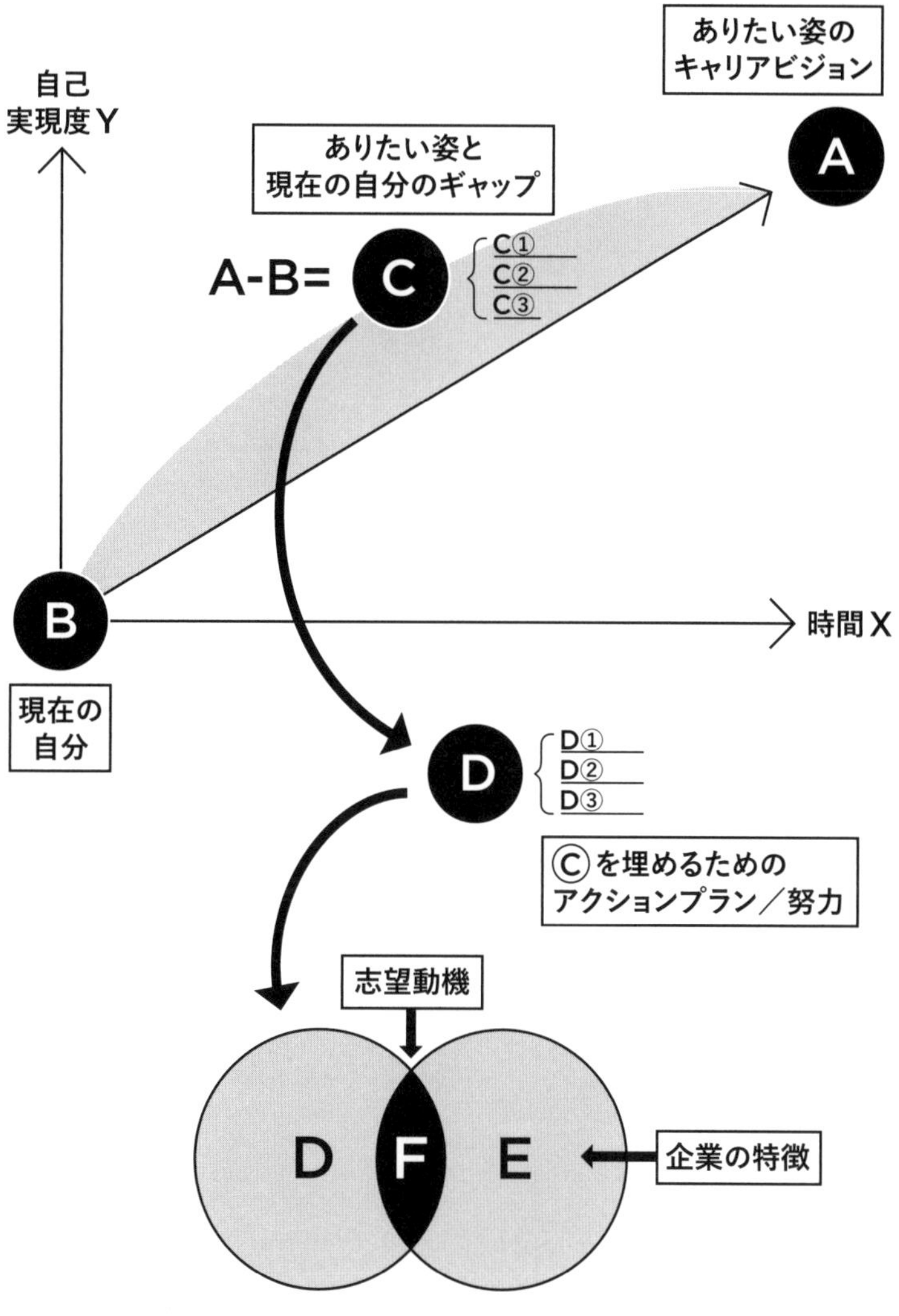

動機になります。

キャリアグラフの作成には、このＡ～Ｆを考える必要があります。

まずＡのありたい姿を明確にします。

大切なのは「ありたい姿」であり、「やりたいこと」に限っていない点です。

よく「自分は将来やりたいことがない……」と悩む人がいますが、これは「やりたいこと」がないといけないと思いこんでいるから困っている場合がほとんどです。

「やりたいこと」がなくても、「ありたい姿」はあるのではないでしょうか。

話をキャリアグラフに戻します。

ここで注意してほしいのは、What（何を）のみでありたい姿の言語化を終えないことです。What（何を）は、例えば、「将来はマーケターポジションに就いていたい」「32歳で年収１０００万円は達成していたい」などです。

キャリアグラフにおいて、ありたい姿であるＡは非常に重要です。

なぜならば、Ａ（ありたい姿）がずれてしまうと、前提条件が大きく変わってしまい、その後のプランが意味をなさなくなってしまうからです。

Ａ（ありたい姿）を言語化する際には、What（何を）だけでなく、Why（なぜ）、How（どのように）まで言語化しましょう。

「なぜそう思うのか？」「そう思うように至った過去の原体験は何か？」「どのようにそれを実現するつもりなのか？」。ここまで自問自答しておけば、Ａ（ありたい姿）を具体化できます。

Ａ（ありたい姿）を具体化できたら、Ａ（ありたい姿）とＢ（現状の自分）とのギャップＣを考えていきましょう。

今の自分には何が足りていないのか？　経験やスキル、人脈であったりするかもしれません。3〜5点ほどリスト化してみましょう。

次に、Ｃ（ギャップ）を埋めていくために、これからどんな努力を積み重ねていく必要があるのか、つまり、Ｄ（今後のアクション）を言語化する必要があります。

このＤ（今後のアクション）も複数考えてみるのです。

ここまで明確になって、初めて志望する求人が明らかになってきます。

このD（今後のアクション）を満たせる求人を選定していけばいいのです。


求人を探すときに考えるのが、Eの仕事内容、企業の特徴です。このE（企業の特徴）とD（今後のアクション）が重なる部分が転職先に期待するものF（志望動機）となるのです。


よく志望動機をどう伝えるべきか相談を受けるのですが、多くの人は志望動機の定義を間違っています。

ここで説明したFが正しい志望動機であり、決して面接官にゴマをすり企業の魅力を並び立てることではないのです。

「なんでうちなの？」という面接官のラフな質問スタイルが誤解を招いてしまうのだと思うのですが、面接官が実際に聞きたいのは、「あなたにとってうちに入ることがどんな意味を持つの？」ということなのです。

キャリアグラフを作る過程で、今の自分に何が足りないのか、それを埋めるためにどんな経験をしていく必要があるか、転職先の会社でどういった経験をするべきなのか、が明確になります。

ノートとペンを用意してチャレンジしてみてください。

まとめ

- キャリアビジョンを言語化するために
キャリアグラフを書いてみよう

- キャリアビジョンを設計しておくと、
将来の目標が明確になるので
入社後の成長スピードが高まる

career strategy
22

テクニカルスキル・ポータブルスキル・マインドセットを伸ばす！

キャリアビジョンを設計するうえで注意点があります。それは、ありたい姿Aに到達するためには、その過程で自己投資の必要なスキルがあることです。

「心・技・体」という言葉があります。これは、心と技と体のすべてのバランスが整ったとき、最大限の力を発揮できるという考え方で、スポーツの世界でよく使われる言葉です。

それと同じく、キャリアにおいても、バランスよくスキルを高めていかなければ、ありたい姿Aには到達できないのです。ありたい姿Aに達するには、**テクニカルスキル（専門スキル）・ポータブルスキル（汎用スキル）・マインドセット（姿勢や考え方）の３つを伸ばしていく必要があるのです。**

テクニカルスキルとは、業務を行う際に必要な専門知識などのことです。

ポータブルスキルとは、特定業務に紐付かず、どの仕事でも活用できるものです。ビジネスマナー、ビジネス文章の作成スキル、論理的思考力、分析力、企画力などが該当します。

最後の**マインドセット**については、その人の姿勢や考え方、判断の基準のようなものです。例えば、「感謝の気持ちを持つ」「謝罪をする」「約束を守る」「謙虚でいる」などの子供でも習うような内容です。

テクニカルスキルは、その仕事に就いてしまえばある程度は獲得できます。すなわち、同職種の人たちとの差別化要因になりにくいです。

しかし、ポータブルスキルとマインドセットは、その仕事に就いたからといって身につくものではありません。これらは、本人が意識して努力しなければ高まっていかないのです。

ですから中長期視点で、いかにポータブルスキルとマインドセットを高めていくべきかを自分で考えておくのが重要です。

ポータブルスキルは非常に範囲が広いため、ありたい姿Aと関連性の高いスキルを特定しなければなりません。例えば、ありたい姿Aがマーケティング責任者で「戦略構築力」が必要だと想定できれば、戦略に関する書籍を読む等のとるべき行動が見えてくるでしょう。

ただ、世の中にはポータブルスキルを獲得する際に、自分のありたい姿と関連づけないまま流行り物に手を出してしまったり、安直に資格取得やプログラミングスクール、英会話などに投資する人が跡を絶ちません。

これらの行為は趣味としてはいいのですが、キャリア形成に活かすためであれば意味がありません。

最後にマインドセットは、テクニカルスキルとポータブルスキルと大きく異なる点があります。それは、ストック化しないということです。

テクニカルスキルとポータブルスキルは、ストック型に属し、一度身につけてしまえば、いつでもスキルとして使うことができますが、マインドセットはそうはいきません。

マインドセットはフロー型に属します。一度学んでも、油断すると一気にもとに戻ってしまいます。

マインドセットはストック化できないスキルと割り切り、常に自分を戒め続けることが成長していくなかで大切なのです。

これら３つのスキルの特性を理解して、ありたい姿Ａと関連性の高いテクニカルスキル、ポータブルスキル、マインドセットを高めていけば、ありたい姿Ａに到達する確率は高まっていくのです。

まとめ

- テクニカルスキル・ポータブルスキル・マインドセットの3つを、バランス良く高めていくことが大切
- テクニカルスキルは日常業務で高めていけるが、ポータブルスキル・マインドセットは意識的に伸ばしていく必要がある
- テクニカルスキル・ポータブルスキルはストック型だが、マインドセットはフロー型なので、常に自分を戒めなければならない

career
strategy
23

ノウハウよりも意思決定力があなたの未来を創る

ここからは、意思決定についてお話しします。

これまでお伝えしてきたキャリア戦略を頭で理解したとしても、実行し切らなければ意味がありません。

この本でお伝えしてきたキャリア戦略は、弊社アクシスでも活用しています。

しかし、初回面談で納得した方の多くも、その後、当初の戦略とは矛盾したキャリア戦略を考えてしまうのです。

キャリア戦略の実践は、ダイエットと似ているなと考えています。

ダイエットの正しい理論を勉強しても、それを自力で継続できる人は少ないですよね。だから同じようなダイエット商材が売れ続けるのです。

頭では理解できても、実際にその通りに意思決定し、行動できるかには大きな差があり、それはキャリア戦略にも同じことが言えます。

とはいえ、キャリア戦略は人生に大きな影響がある選択だから、合理的に行動するのでは、と思われるかもしれません。

しかし、意外にもそのように行動できない方が多いのです。なぜならば、人には**特有の思考の癖**が存在しているためです。

この思考の癖がある限り、キャリアにおける意思決定のタイミングでこれまでと同じような選択を繰り返してしまいがちなのです。

実は、転職を何度も繰り返してしまうジョブホッパーと呼ばれる人たちはこのような傾向が特に強いです。

目の前に現れた問題にもぐら叩きのように反応して、職場を何度も変えるのですが、本質的な課題に気が付かないために根本的な対策が打てないのです。

私がまとめた「思考の癖」リストでは、転職支援の現場で多く見てきたパターンを紹介します。このような思考の癖に囚われていないかをチェックしておきましょう。

リストの内容を客観的に見ると、「そんなバカな……」と思われるかもしれませんが、いざ自分が当事者になると無意識レベルでスイッチが入り、このような状況に陥ってしま

思考の癖リスト

①	大手&有名症候群	主に他人から良く見られたいというプライドの高さ。有名企業に選ばれる自分を演出したい
②	安定症候群	とにかく安定第一。リスクを嫌い安心感を得たいという欲求が強い
③	華やかな業界・商品・職種症候群	自分が関わる業界・商品・職種に華やかなイメージがあることを重視しがち。感受性の高いタイプが多い
④	自分のやりたかったこと症候群	自分の過去の経験にこだわりがち。帰国子女=英語・グローバルな仕事、体育会系=スポーツビジネス、受験戦争の競争に勝ってきた=教育業界など。
⑤	進路決定への安心感症候群	仕事が決まらないことへの不安が先立ち、とにかく進路を決めることそのものが目的になってしまいがち
⑥	自信喪失症候群	自分に自信がなく、選考で評価されたことそのものに過度に反応してしまう。無難な勝てそうな試合しか勝負・チャレンジしようとしない
⑦	成長できる環境症候群	成長できる環境と言いながら思考停止してしまっている。あくまでイメージであり、環境依存的なスタンスの時点で成長が難しかったり、本当に成長できる会社からは敬遠されてしまいがち
⑧	良い人好き症候群	選考で接点を持った社員が良い人だったからというところに過度に振り回されてしまいがち
⑨	給与条件・待遇症候群	目先の給与が高いことが重要

いがちです。

誰もが当てはまる罠であると認識しておきましょう。

まとめ

- どんなに素晴らしい理論や戦略を学んでも、意思決定力がなければ意味がない

- 誰でも特有の思考の癖があり、それにとらわれることで同じ失敗を繰り返してしまいがち

- キャリア選択においてハマってしまいがちな思考の癖を把握しておくことで、キャリアで不利になる選択を避けられる

career strategy 24

思考の癖をチェックして意思決定力を鍛える

どうすれば先ほど紹介した思考の癖に気付くことができるのでしょうか。

1つ目の方法は、**客観視してくれるメンターを持つ**のがオススメです。遠慮なしに自分の欠点や課題を率直にフィードバックしてくれる人がいるといいでしょう。キャリア形成においては、自分の弱みを把握して、正しいことを率直に伝えてくれるメンターの存在は重要です。

2つ目の方法は、**自分史を書き出してみる**のがいいでしょう。過去に自分の進路などでどのような意思決定をしてきたのか？　その理由は何か？　それらを書き出してみましょう。

転職を検討している人であれば、就活時の企業選び、転職を考えた理由、次の会社で重視したいポイントなど、これらを言語化するだけで意思決定の傾向が如実に現れますので、文章にして整理してみるのをオススメします。

誰かに見せるものではないので、格好つけずに下世話な理由でも本音ベースで書き出しましょう。

大事なのは、過去の意思決定を振り返る際、事実の洗い出しのみで終わらず、原因まで徹底的に深掘りすることです。

その時に自分はどのように感じたのか？　なぜそのような意思決定に至ったのか？　ここまで深掘りすることで思考の癖がつかめてくるのです。

ここまで行い、自身の思考の癖を把握したら、それが意思決定にどのような影響を与えているのかを観察しましょう。

たとえば、「自分はこういう思考の癖があるので、ついこういった選択に偏りがちだな」といったことを把握するのです。それによってメリットとデメリットの両方があったと思います。

このデメリットに着目してみましょう。

すると、結果的に〇〇な傾向の会社を選択してしまっていたことがわかり、キャリアにおいて重要なポイントをつかむ機会を逸している可能性に気が付けるはずです。

まとめ

- 率直に客観的な視点で
フィードバックしてくれるメンターを持つ

- 自分史を書き出し、
過去の意思決定を振り返る

- 意思決定時の理由や解釈、原因まで
深掘りすると、意思決定の傾向、
つまり思考の癖に気が付ける

career strategy 25

年収と社格のトレードオフ問題

意思決定において、もう一つ注意点があります。
それは**年収と社格**です。

年収は、どんな方でも気にするかと思います。

社格とは、会社の規模や財務基盤、知名度などのことです。


目指すキャリアにたどり着くために、必要な経験・スキルを獲得するために求人を選び、入社の意思決定をする必要があります。

しかし、ここで必要な経験・スキルは、現時点では未経験なのです。

未経験であれば年収が下がることがほとんどです。良くても現状の年収維持です（もともとの待遇が相場よりも低い人は上がるケースもあります）。


また、転職市場で「未経験である」ことはかなり交渉力が弱く、会社を選べない場合がほとんどです。

むしろ、小規模で知名度の低い会社であれば、未経験でも採用してもらえる可能性があるというのが実情です。

ですから、目指すキャリアを手に入れるには、一時的な年収ダウンを受け入れた選択をすることが必要な場合が多いのですが、多くの人はこうした意思決定をとれません。

年収を下げることには、誰しも非常に抵抗感があります。それまで名前を聞いたこともなかった会社を選ぶのも、不安な気持ちがあるでしょう。

キャリア戦略を実践する際には、このような課題が発生します。

必要なスキル・経験は得られるが、年収が下がったり、有名な企業は選べないというトレードオフです。

キャリア戦略を実行するためには、これらの問題を乗り越える必要があるのです。

このトレードオフ問題を乗り越える秘訣をお伝えしておきます。

年収については、その転職先に入社した後にきちんとリターンを回収できそうか、つまり、一度年収が下がったとしても次のステップで年収をさらに高めていけそうかを精査しましょう。

このリターンをきちんと考えておけば、年収を下げるリスクを取る意味があるかを冷静に検討できるでしょう。

社格については、仕事内容、得られる経験やスキルに着目しましょう。いくら社格が良くても、市場価値に繋がらない仕事内容であれば意味がありません。逆に社格が低く、知名度のない会社であっても、仕事内容が良ければ、そこで得られる経験、スキルは非常に価値の高いものになります。

仕事内容の目利きをするのはプロでないと難しいかもしれません。プロの転職エージェントに相談してみるのも一つですが、自分でリサーチする人向けにコツをお伝えします。

仕事内容をリサーチする際には、①業態・商材　②業務フロー　③顧客　④社内の上司またはメンバーの存在の4つをチェックしましょう。

①業態・商材：20代の未経験者は業界だけで判断してしまう人が多いですが、業態やビジネスモデル、商材まで確認しておきましょう。業態や商材によって得られるスキルは大きく変わります。パッケージ化されておらず、客単価が高い商材がオススメです。

②業務フロー：５Ｗ１Ｈで、なぜ、いつ、どこで、誰に、何を、どのように業務を進めていくのかまで具体的に確認をしましょう。業務フローを確認すると職種で細かく分業されてしまっており、市場価値を高める仕事を経験できない会社も存在するので、注意が必要です。

③顧客：顧客の企業規模や予算規模は大きいのか、小さいのか。窓口部署は経営陣なのか、現場担当者なのかでも、そこで得られるスキルが異なってきます。

④社内の上司・メンバーの存在：業務においてノウハウを持った同僚が在籍しており、ナレッジを教えてもらえる環境にありそうかということです。会社によっては、未経験で採用してくれたものの、社内に経験者が１人もおらず、独学で業務を覚えなければならないこともあります。そんなことになれば、成果さえも上げられない可能性があります。

これらのポイントをチェックして、経験、スキルを獲得できるかの見立てを持っておくのはとても大切です。

キャリア戦略上のリターンとは、市場価値を高める経験、スキルの獲得です。

転職先で経験・スキルを獲得できるかを確認することで、適切なリターンを見立てることができ、結果としてリスクを思い切って取ることができるのです。

まとめ

- 意思決定時に、年収と社格という壁が立ちはだかることが多い
- この壁を乗り越えるためには、きちんとリターンを見積もる必要がある
- 市場価値が高まる経験、スキルを獲得できるかをチェックしよう

第5章

キャリア業界の仕組みを知る

career strategy 26

キャリアの利害関係者を把握する

実際にキャリア戦略を実践する過程で、意思決定に影響を与えるのは自分だけではありません。意思決定をする際には、必ず利害関係者がいるのです。

たとえば、親や配偶者、恋人、大学や会社の同期がいます。

ベンチャーにチャレンジしたいけれど、家族に反対されて大手企業しか選べない。大学の同期に自慢したくて有名な会社ばかり受ける、ということがたくさんあるのです。

また、転職活動を進める時に、転職エージェントや求人サイト、会社口コミサイトなども利用するでしょう。これらも意思決定に影響を与える利害関係者と言えるでしょう。

利己的な転職エージェントに、紹介したい求人を強く勧められ、押しに負けてしまうかもしれません。求人サイトが、広告費をもらっている求人を目立つ箇所に掲載していたら、その求人がよく見えてしまうかもしれません。

会社口コミサイトも、その会社で活躍できなかった人の不満情報に偏っており、せっかくの内定先に対して過度に悪い印象を抱いてしまうかもしれません。

このような無自覚に意思決定に対して影響を与える利害関係者を把握しておかないと、

苦労して考えたキャリア戦略が台無しになってしまいます。

利害関係者の特性を把握し、対処法を考えておきましょう。

◉親や配偶者、同期や友人にどう対応すべきか

家族や友人は良かれと思ってアドバイスしてくれているのです。

逆に、それが厄介とも言えます。自分を心配してくれていると思えば、期待に応えたいと思ってしまうのが自然でしょう。

その善意を無下にせずに、どう対処すべきかについて説明していきます。

親：親から安定した大手企業を勧められたり、逆に親の知らない会社だと反対されてしまうことが多いですね。しかし、親の時代とは今は状況が異なり、過去の成功パターンは変わっていいます。また、親はキャリアの専門家というわけでもありません。ただ、親は子供に幸せになってほしいだけなのです。「社長のビジョンが凄い。熱い人たちが多い。市場が伸びている」というような主張だけでは、不安に思われるのも無理はないと思います。現在の転職情勢や、自分のキャリア戦略の展望からきちんと説明すれば、親も納得してく

れるでしょう。

配偶者・恋人：配偶者や恋人にも転職などに反対されることが多いです。嫁ブロックという言葉もありますね（実際は旦那ブロックもあるでしょう）。これは相談不足などが原因になっていることが多いです。転職においてどういう理由や目的を考えているのか、転職後の生活費にどれくらいの影響があるのか、将来をどう考えているのか、これらについて説明しないままに進めてしまうと、なぜ自分に相談してくれなかったの？という感情も含めて、生活費などの不安もあり、反発されてしまうことがあるでしょう。転職活動を開始する前から感情のケアも含めて、きちんと相談しておくことが大事です。

同期や友人：同期や友人は、キャリアを考えるうえで、嫌でも意識してしまう存在です。友人に「へぇ、あの会社に行くんだ！」と見られたいという見栄だったり、同期が高い年収を貰っていると「自分も……！」と焦る気持ちが出てきます。ですが、あなたは自身のキャリア戦略を実行していく必要があります。自分と友人の志向は違うことを覚えておきましょう。

ここで考えておくべき共通のポイントがあります。

それは「良い会社を選択できる＝幸せや安泰ではない」ことです。

なぜなら、競争優位の戦略でもお伝えしましたが、安定した優良企業に入社できても、定着と活躍ができなければ、キャリアを築く本人にとって意味がないからです。

家族と議論になる際には、この視点が欠けている例が多いと感じます。

実際、親を意識して新卒で大手企業に入社したけれど、仕事内容や社風がどうしても苦痛で定着、活躍ができず、早期退職してしまう方が非常に多いです。

転職が当たり前になった今は、我慢して定年まで勤め上げるという価値観は、今の20代にはありません。

優良企業に入る以上に、入社後に本人が定着し活躍できる会社なのか？　という視点の方がよほど重要なのです。

このような説明を家族にしたら「確かにそうだね……」と理解してくれるのではないでしょうか。

あくまで、あなたのキャリアです。自分が納得できるキャリアを歩めるよう、きちんと利害関係者に対する説明を尽くしましょう。

まとめ

- キャリア戦略を実践するなかで、
意思決定に影響を与えるのは自分だけでなく、
利害関係者の影響も実は大きい

- 利害関係者をきちんと把握して
正しく対処していくことで、
キャリア戦略の成功は実現できる

- 利害関係者に自分の考えをしっかり説明しよう。
うまく彼ら彼女らと付き合えば、
応援してくれる力強い味方になる

career
strategy
27

ベンダーの仕組み、ロジックを理解しておく

次に、転職活動における採用ベンダーについてです。転職活動をする際に利用することが多い会社やサービスのことです。

これらもビジネスモデル、構造的な仕組みによって利害が決まってきます。

それを理解してサービスを利用しないと、ベンダーに誘導されてしまい、想定していたキャリア戦略が歪められてしまうリスクがあります。

各ベンダーの特徴を把握して、うまく活用しましょう。

転職エージェント：転職エージェント会社は、人材紹介会社とも呼ばれ、求人企業と転職者をエージェントが介在してマッチングするサービスです。転職者から見ると、担当者がつき、自己分析や職務経歴書の添削、求人紹介、面接対策と、転職決定まで手取り足取りサポートしてくれます。転職者は無料で利用できますが、人材の紹介が決定した場合、エージェントは、紹介先企業から成果報酬で紹介決定者の年収の35％程度のフィーをもらっています。そうするとエージェントによっては、決まりやすい求人を紹介し、効率良く決定者を増やして、フィーを得るという会社も出てきます。このような視点を持って利用しなければ、エージェントに強く勧められて、当初考えていたキャリア戦略とは全く違う方向性の会社に転職してしまった、というケースも起こりえます。人が介在するがゆえのリスクとも言えるでしょう。

転職エージェントは、大手エージェント、業界・職種特化型エージェント、中小個人エージェント、サーチ型エージェント（ヘッドハンティング会社）と様々で、種類によって特徴が大きく異なります。

大手転職エージェントは、とにかく求人数が多いです。総合デパートのような存在で幅広い業界・職種の求人を豊富に抱えていることが強みです。

しかし、キャリアアドバイザーのサポートはややマニュアル的な対応で、自己分析、面接対策、企業研究などはそこまでサポートしてくれないという話をよく聞きます。過度に転職相談や選考対策サポートに期待はせず、豊富な求人を紹介してもらえる窓口として使えば、強い味方になるでしょう。

業界・職種特化型エージェントは、特定の業界や職種に特化して求人を紹介しており、細かな業界、職種情報を保持しています。

逆に、その分野以外だと、そもそも求人を扱っておらず、情報もないため、エージェントが担当する分野を志望していなければ使用する意味がありません。

また、専門経験やスキルを求められるハイレイヤーの求人が多い傾向があるため、未経験だと、そもそもエージェントが相手にしてくれない可能性もあります。

明確に自分が希望する特定分野があれば、その分野における求人数は豊富なので、手厚いサポートを受けられるでしょう。

中小・個人エージェントは、1〜10人程度の規模でエージェント事業を行っています。個人事業主の集まりのようなスタイルで活動しているため、より親身にサポートしてくれるケースが多いです。

その分属人的で、エージェントとの相性が合うかどうかが大事になります。

エージェントもビジネス面だけでなく、応援したいと思えるかを大事にしている人も多く、好き嫌いでサポートを決めるケースも多いです。

また、特定企業に深く入り込んでおり、経営陣から強い信頼を得ていることもありますが、取り扱い求人数は10件程度とかなり少ないこともあります。

そのため、せっかくサポートしてもらっても、いざ求人紹介をされてみたら、全く興味を持てない求人ばかりで、結果としてサポートしてもらうのが難しいという事例も少なくありません。

最初から、転職の方向性を明示してすり合わせしておけるといいでしょう。

最後に、サーチ型エージェント（ヘッドハンティング会社）は、完全に求人企業を向いて、難易度の高い求人を決定することをミッションとしています。

ヘッドハンティング会社は通常のエージェントと異なり、成果報酬フィーだけでなく、リテイナーと呼ばれる前受金を求人企業からもらうケースもあります。

候補者をサーチ、紹介決定して、さらに追加で成果報酬フィーをもらいます。

そのため、求人の対象になる候補者にヘッドハンター側から口説いていくというアプローチになります。

候補者が求人に興味を持てば企業との接点を作ってくれますが、求人に興味がなければそれまでで、転職サポートや、他の求人は紹介してもらえません。

そもそもヘッドハンターが扱う求人の対象者は、専門スキルを持っているエグゼクティブの場合がほとんどで、普通のビジネスパーソンには声がかかりません。

逆に、専門スキルがないのにヘッドハンターから声がかかった場合、「ヘッドハンターではない」と思った方がいいです。エージェントが自分を権威付けたり、転職者を舞い上がらせるための演出であると考えましょう。

このように、転職エージェントといっても様々で、それぞれの特徴は異なります。彼らの特徴を知ったうえで、自分にあったエージェントを活用しましょう。

次に求人サイト、会社口コミサイトについて解説します。

求人サイト：求人サイトは、求人広告の掲載費用を企業からもらい、求人を掲載しています。求人掲載欄には枠があり、恣意的に目立たせる枠もあります。もちろん目立つ枠は、掲載費が高額になります。そして、掲載費用をもらっている限り、転職者からの応募数や反響を掲載企業に返せなければクレームになりかねません。そこで、求人サイトとしてはサイト内でより目立つように掲載したり、メルマガで案内をしてきます。それに釣られて本来の自分のキャリア戦略と異なる求人に応募し、転職してしまう可能性があります。求人広告はあくまで広告です。求人企業と求人サイト側の利害のある情報、という視点で利用するようにしましょう。

会社口コミサイト：仕組みとして、会社口コミサイトを閲覧する際、無料の場合は、現職の口コミを書く必要があります。口コミを書いている人は、今の会社を退職しようとしている人がほとんどです。会社を辞めたいときに書かれるものは、どうしても批判的な内容に偏ります。マイナスのバイアスがかかっている口コミが多い、という認識が必要です。

エージェントがプッシュしてくる求人、求人サイトで目立っている求人が自分のキャリア戦略にとって良いものとは限りません。第三者が良い会社だとオススメしていても、自分のキャリア戦略にとっては関係がない求人の方が多いのです。

極端な表現を使えば、それらの求人はあなたにとってはノイズでしかありません。

また、口コミサイトの悪い評判も、あなたと異なる価値観やビジョンを持った人の声であって、他の人にはブラック企業でも、あなたにとってキャリア戦略上、有益な求人は存在するのです。

ベンダーにそそのかされず、自分のキャリア戦略を忠実に実行していきましょう。

まとめ

- 転職活動で利用するサービス事業者＝ベンダーについて理解して、意思決定がブレないようにしよう
- 転職エージェントといっても、様々な種類があるのでうまく使い分けよう
- ベンダーの誘惑や大量の求人情報に惑わされず、キャリア戦略に有効な求人を選び取るようにしよう

第6章

本当に幸せなキャリアとは

career strategy 28

幸せと成功は分けて考える

最後に、キャリア戦略における幸福についてお話ししておきたいと思います。なぜキャリアについて書かれた本で幸福について語るのか。それは、キャリアは手段であって、目的ではないからです。

キャリア戦略を実践する目的は幸せな人生を送ることであり、キャリアは幸せになるための手段の1つに過ぎないのです。ここを忘れてはいけません。

そもそも20代のビジネスパーソンは、成功と幸せがイコールだと思っている方が多い印象です。

私は、成功と幸せは別の概念であると考えています。成功というのは、年収などのように基準があります。基準を達成すれば成功です。基準があるので他人と比較することもできるでしょう。

一方で、幸せには基準がなく、主観的なものです。仮に、周りと比べて低い基準値の生活をしていたとしても、本人が幸せだと思えば幸せなのです。

年収で数千万円以上と高い基準の成功を手にしている人でも、幸せそうに見えない人を私はたくさん知っています。成功さえすれば幸せになれると盲信してしまうのは危険だと思います。

だからといって、私は成功を目指さなくていいと言いたいわけではありません。

最近、20代の方でも「いま私は幸せだから成功なんてしなくても、ありのままの自分で良い」という方がいらっしゃいます。

しかし、価値観が歳をとるごとに変動していくことに着目できている人は驚くほど少ないです。

転職エージェントとして多数の方のキャリアの変遷を見てきたなかで、同じ人でも3年、5年、10年で状況が変わり、それに従い価値観も大きく変化していく様を見てきました。

年齢とともに体力が落ちたり、結婚、出産を機に仕事よりも家族との時間に比重を置くようになるなどです。

その過程で、本人にとっての幸せの定義も変わっていくのです。

そうした自分の価値観が変化した時に、いつでもピボット（pivot）ができる柔軟性や自由度があるか、自らにキャリアの選択権を持てているのか、という視点が重要だと思っています。

現代における幸せの本質は「**自分の意思でいつでもキャリアを選択できる権利があること**」**だと考えています。**

本書でお伝えした「キャリア戦略」は、キャリアにおいての成功を手にするための考え方と具体策です。

キャリアの成功とは、働き方の自由や柔軟性の獲得であると考えています。

会社内価値ではなく、市場価値が高く、いつでも、どこでも、多くの会社から引き合いを得られるキャリアは、自分が選択権を持てます。

大手企業でプロフェッショナルとして仕事をしたり、時短勤務したり、ワークライフバランスを重視したり、リモートワークをしたり、産後復職したり、副業やフリーランスになったり、ベンチャー起業したり、海外や田舎に住んだり……。

これらは誰でもできることではありません。高い市場価値を獲得した人の特権、ご褒美なのです。

これらの働き方をすることがあなたにとって幸せかはわかりません。

それはあなた自身が決めることです。

しかし、少なくともこれらをいつでも選択できる権利を獲得できている状態、それこそが幸せを追求するための切符なのではないでしょうか。

まとめ

- キャリア戦略は
自分が幸せになるための手段である

- 成功と幸せは違う。
成功していても幸せではない人も存在する

- これからの幸せの条件は、自分が
選択権を持つこと。柔軟性と自由がキーワード

- そのための手段として
市場価値やキャリア戦略を活用する

おわりに

キャリアにおける柔軟性と自由を獲得するためにも、私は20代の若手ビジネスパーソンに対して、20代では成功を目指せと伝えています。

あえてややキツイ言い方をする場合は、「中途半端に成功と幸せを同時に求めるな」と伝えることもあります。

なぜならばキャリア選択には、年齢に制限があるからです。

皆さんは、Will・Can・Mustというフレームワークを聞いたことはありますか。私が新卒で入社したリクルートでは人事評価制度としても活用されており、起源はあの有名な経営学者のピーター・F・ドラッカーとも言われています。

Will＝やりたい事、Can＝実現能力、Must＝やらないといけないことの3つの円を描き、それぞれの表面積を高めていき、3つの面が重なる部分を高めていくことが、自己実現度を高めるという考え方です。

Will・Can・Mustのフレームマーク

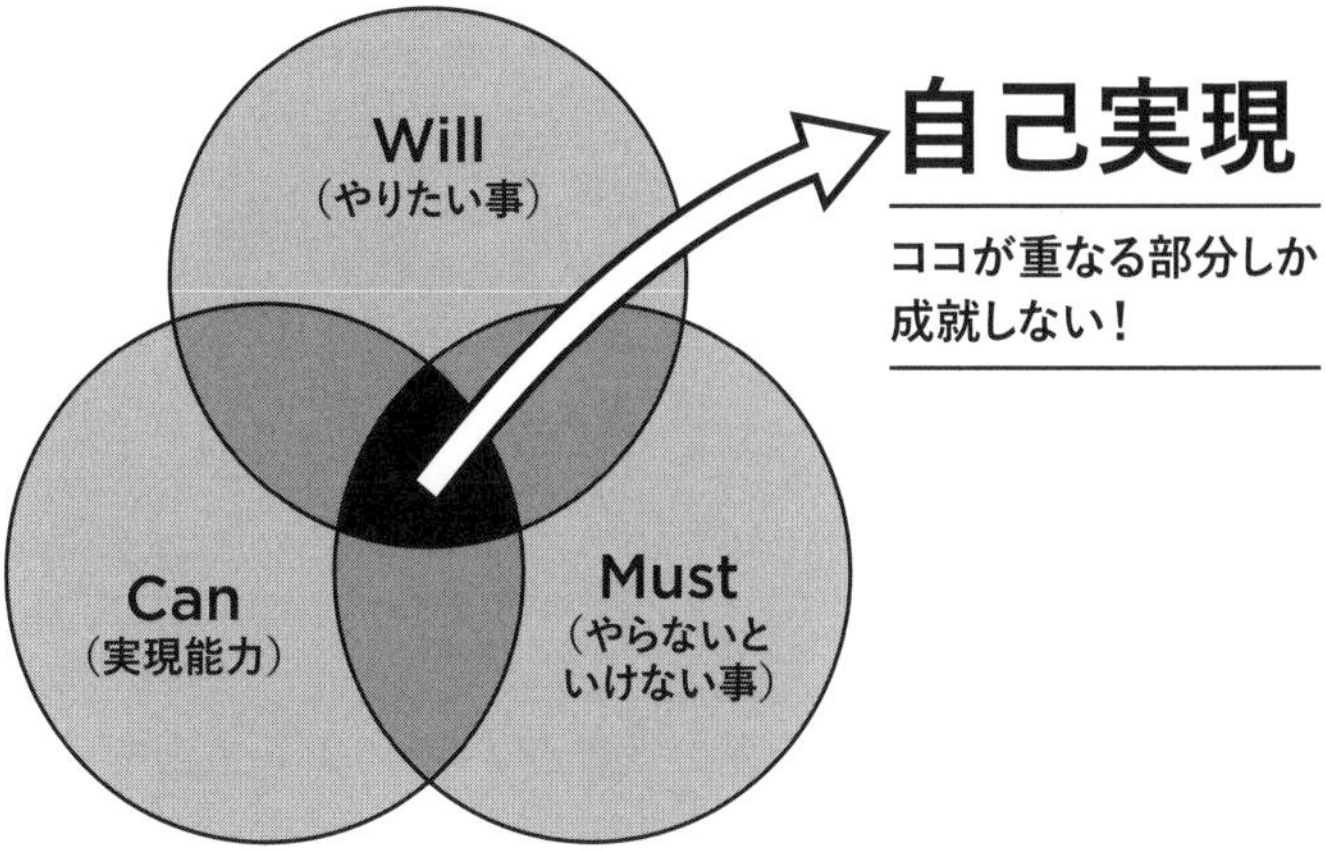

たとえば、どんなに大きなWillを描いたとしても、CanやMustが伴わなければ絵に描いた餅で実現できないでしょう。一方で、Canばかりを高めても、Willがなければ器用貧乏で終わってしまうかもしれません。Mustばかりを徹底しても、いつまで経っても都合よく搾取されてしまうだけでしょう。

これら3つをバランス良く伸ばすことで、重なり合う部分の表面積も広がっていき、自己実現レベルが上がっていくのです。

しかし、キャリアにおいてはお伝えしてきた通り、どうしても年齢という制約条件があります。そこで20代のうちはCan（Mustを果たすことは一定レベルで当然として）に集中投資すべきとお伝えしています。

Canが高まっていくと、Willを実現するチカラになりますし、今、ないしはCanが低い状態の時に描くWillよりもCanが高まった後に描くWillの方が、より大きく精度も高く描けるようになると思います。

では、どこまでCanを高めるべきか？　どこまでの成功を目指すべきなのでしょうか？

当社アクシスでは、「自立型人材のキャリア育成」というテーマを掲げて、20代（人によっては30代中盤まで）で年収７００万円を目指すキャリアを推奨しています。

なぜ20代で年収７００万円なのか？　これにはきちんとした理由があります。

年収７００万以上になるには、ある程度の専門性やスキルが必要になってくるためです。

２０１５年にノーベル経済学賞を受賞したプリンストン大学のアンガス・ディートン教授らが、アメリカ国民を対象に年収と幸福度に関する調査をしたところ、年収７００万円程度を超えると人の幸福度はそこまで大きく変わらないという研究結果が出たのです。

収入が増えることは、それだけ仕事に費やす時間や責任、ストレスも増す可能性を含んでいます。年収が増える半面、こうしたマイナス要素が加わることで幸福度が伸びにくくなるのかもしれません。

実際に私自身、起業して以来ずっと年収は４桁を超えていますが、会社員時代の年収７００万円台だった時と、幸福度は大きく変わっていないと感じています。

リクルートエージェントに勤めていた時は、社内の転職者データベースを自由に閲覧できましたし、独立後も大手転職スカウトデータベースサイトとアライアンス契約をして利用していました。

もちろん担当している求人企業と転職者をマッチングしてスカウトメールを送るために利用していたのですが、私はこのデータベースを少し違った見方をしていました。

転職者からスカウトメールへの返信をもらえない限りは、具体的な個人情報までは閲覧できない仕組みになっているのですが、個人情報がマスキングされた状態で会員の職歴データを閲覧できます。

そこでは数々の検索条件があり、会員リストをソートできるのです。年齢、性別、年収、現在勤務地、希望勤務地、勤務先の業界・職種、希望業界・職種などです。

年齢×年収でソートすると、都内であれば、20代～30代中盤で明確な専門スキルがなくても年収５００～６００万円程をもらっている方は割といらっしゃいます。

例えば、プレイヤーとして営業職に就いている人や、マネージャークラスの人です。

しかし、年収７００万円を超えると都内でもぐっと数が減ります。

要するに、年収５００万円や６００万円は割と会社内価値次第で達成できる水準なのです。

部署内で常に成績上位者だったり、経営陣に信頼されたり、マネージャーに昇格していれば、年収５００～６００万円は内部昇格・昇給で達成できる可能性があります。

しかし、これからの時代、それ以上、つまり年収７００万円以上に上がっていくのは簡単ではありません。

市場が成熟した低成長時代の日本においては、ただ同じ努力を継続して、年次を積み上げるだけで、年収が７００万円を超えるのは難しくなっています。

20代のうちにキャリアのルールを知って、できる限り人生の早い段階で成功＝年収７００万円を達成する。

そこに到達できれば一旦の「成功」は終わりです。その後は、自分にとっての幸せを考え、キャリアを選んでいくといいでしょう。

年収１５００万円など、さらなる成功を目指すというのは、成功というよりは「幸せ」の問題に切り替わると私は考えています。

つまり、さらに年収を高めていくことが幸せであるという価値観の人であれば、それを目指せば良いのです。

本書では、目標の最大値として年収１０００万円を達成するために知っておくべきルール、戦略をお伝えしてきましたが、人によって幸せは様々です。年収７００万円で止めてワークライフバランスを追求し、家族との時間を大事にした生き方もいいでしょう。また、あえて４５０万円まで年収を下げて、全くの未経験分野や起業にチャレンジするのもいいかもしれません。

市場価値での年収７００万円であればその価値は保存されるため、もし失敗したらまた年収７００万円の求人に出戻りすればいい。

市場価値が高ければ、そんな自分の幸せを起点とした人生の選択権が得られるのです。

本書でお伝えしたキャリア戦略を実行して「幸せ」な人生を歩んでいただければ、執筆者として望外の喜びです。

本書では、
知っておくべき
キャリアの構造、
ルールについて
お伝えしました。

キャリアの
不安や悩みは、
誰でも感じるものです。

でも、本書を読んだ
あなたはもう大丈夫。
あとはキャリア戦略の
実践あるのみです。

キャリアロジックという
武器を持って、
幸せなビジネスパーソン人生を
歩んでください!

末永雄大（すえなが・ゆうた）

新卒でリクルートキャリア（旧・リクルートエージェント）入社。

リクルーティングアドバイザーとして、様々な業界・企業の採用支援に携わる。

その後、サイバーエージェントに転職しアカウントプランナーとして、最大手クライアントを担当し、インターネットを活用した集客支援を行う。2011年にヘッドハンター・転職エージェントとして独立。2012年アクシス株式会社を設立し、代表取締役に就任。月間40万人の読者が読む転職メディア「すべらない転職」の運営やキャリアに特化した有料パーソナルトレーニングサービス「マジキャリ」など多岐にわたるキャリア支援サービスを展開。転職エージェントとして20代向けの転職・キャリア支援を行いながら、インターネットビジネスの事業開発や大学・ハローワークでのキャリアについての講演活動、ヤフーニュースや東洋経済オンラインでの寄稿など幅広く活動している。

キャリアロジック　誰《だれ》でも年収《ねんしゅう》1000《いっせん》万円《まんえん》を超《こ》えるための28のルール

2020年8月10日　初版第1刷発行

著　者　末永雄大
発行者　岩野裕一

発行所　株式会社実業之日本社
〒107-0062
東京都港区南青山5-4-30　CoSTUME NATIONAL Aoyama Complex 2F
電話（編集）03-6809-0452
（販売）03-6809-0495
https://www.j-n.co.jp/

印刷・製本　大日本印刷株式会社

ブックデザイン　杉山健太郎
本文DTP・校正　株式会社RUHIA
編集　金山哲也（実業之日本社）

ISBN 978-4-408-33931-3（新企画）